KB231820

미래산업전망대

GREEN
SMART
BIOLOGY

미래산업전망대

2010년 11월 12일 초판 1쇄 발행
2011년 8월 5일 초판 4쇄 발행

지 은 이 | 삼성경제연구소
펴 낸 곳 | 삼성경제연구소
펴 낸 이 | 정기영
출판등록 | 제302-1991-000066호
등록일자 | 1991년 10월 12일
주   소 | 서울시 서초구 서초2동 1321-15 삼성생명 서초타워 30층
          전화 3780-8153(기획), 3780-8084(마케팅)
          팩스 3780-8152
          이메일 seribook@seri.org

ⓒ 삼성경제연구소 2010
ISBN | 978-89-7633-427-5   03320

삼성경제연구소 도서정보는 이렇게도 보실 수 있습니다.
홈페이지(http://www.seri.org) → SERI 북 → SERI가 만든 책

미래산업전망대

GREEN
SMART
BIOLOGY

| 삼성경제연구소 엮음 |

삼성경제연구소

세계 기업의 평균 수명은 단 13년, 30년이 지나면 80%의 기업이 사라진다고 한다. 한국 기업 역시 예외가 아니다. 하지만 듀폰, 3M, GE 등 100년 이상 생존하는 기업도 분명히 존재한다. 여러 가지 비결이 있겠지만, 이들 기업이 장수할 수 있었던 것은 무엇보다 변화하는 환경에 민첩하게 대응하여 변신을 거듭했기 때문일 것이다. 결국 차세대 성장 엔진을 확보하기 위해 다각적인 노력을 펼친 기업만이 일상적인 기대 수명을 뛰어넘는 생존을 보장받는다고 할 수 있다.

《미래산업전망대》는 삼성경제연구소에서 운영하는 유료 경영정보 사이트인 SERICEO의 '산업전망대' 중에서 기술 변화와 미래 산업에 대한 상상력과 통찰력을 제공하는 콘텐츠를 선별하여 책으로 재구성한 것이다.

이 책에서 제시하고 있는 미래 산업의 키워드는 '그린', '스마트', '바이오' 세 가지다. 탄소 저감, 친환경 자동차, 신재생에너지 등으로 대표되는 녹색성장 분야는 세계경제를 이끄는 영원한 화두가 될 것이다. 또한 스마트폰 열풍으로 촉발된 스마트 혁명은 IT 산업을 넘어 우리의 라이프스타일을 크게 변모시킬 것이다. 한편 인구 고령화는 바이오 산업의 성장속도를 가속화할 것이며, 바이오 기술은 질병을 치료하는 레드 바이오에서 식량문제를 해결하는 그린 바이오로 확대될 것이다. 이 밖에도 이 책에는 로봇, 첨단 섬유 등 실생활에서 변화를 체감할 수 있는 첨단 기술이 소개되어 있다.

이제 우리 기업은 선두 기업을 좇아 성공을 거두었던 과거와 달리 신기술과 신시장을 스스로 창조해야 하는 단계에 도달했다. 신대륙을 안내하는 지도가 세상에 존재하지 않는 것처럼, 선두 주자는 아무도 가지 않은 길을 가야 한다. 높은 불확실성 속에서 앞으로 나아갈 방향을 고민하는 많은 분들에게 이 책이 조금이나마 도움이 되기를 희망한다. 끝으로 원고를 작성하느라 애쓴 연구원들과 이를 책으로 만들기 위해 수고한 출판팀원들에게도 감사를 전한다.

2010년 11월
삼성경제연구소 소장 **정기영**

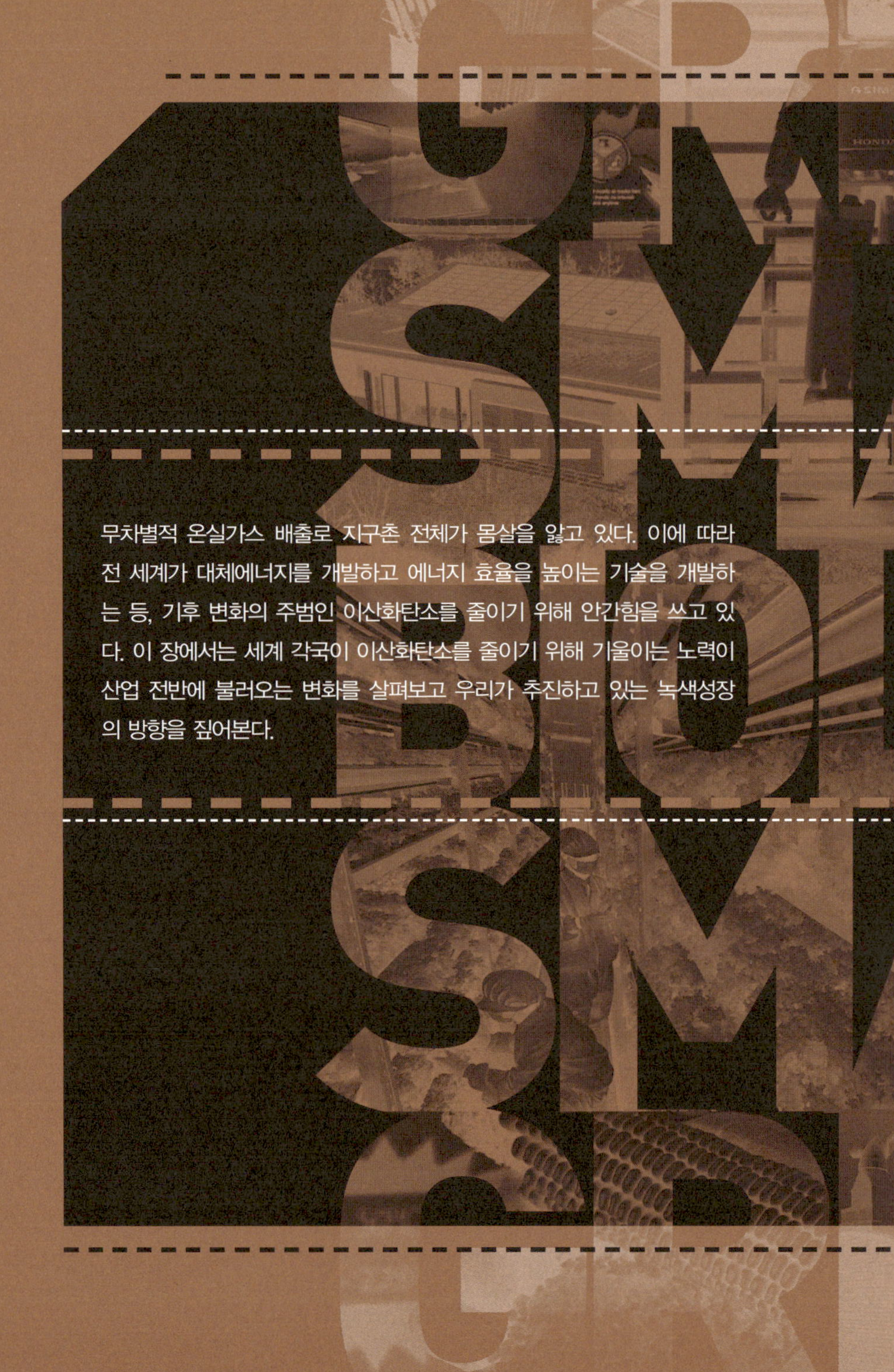

무차별적 온실가스 배출로 지구촌 전체가 몸살을 앓고 있다. 이에 따라 전 세계가 대체에너지를 개발하고 에너지 효율을 높이는 기술을 개발하는 등, 기후 변화의 주범인 이산화탄소를 줄이기 위해 안간힘을 쓰고 있다. 이 장에서는 세계 각국이 이산화탄소를 줄이기 위해 기울이는 노력이 산업 전반에 불러오는 변화를 살펴보고 우리가 추진하고 있는 녹색성장의 방향을 짚어본다.

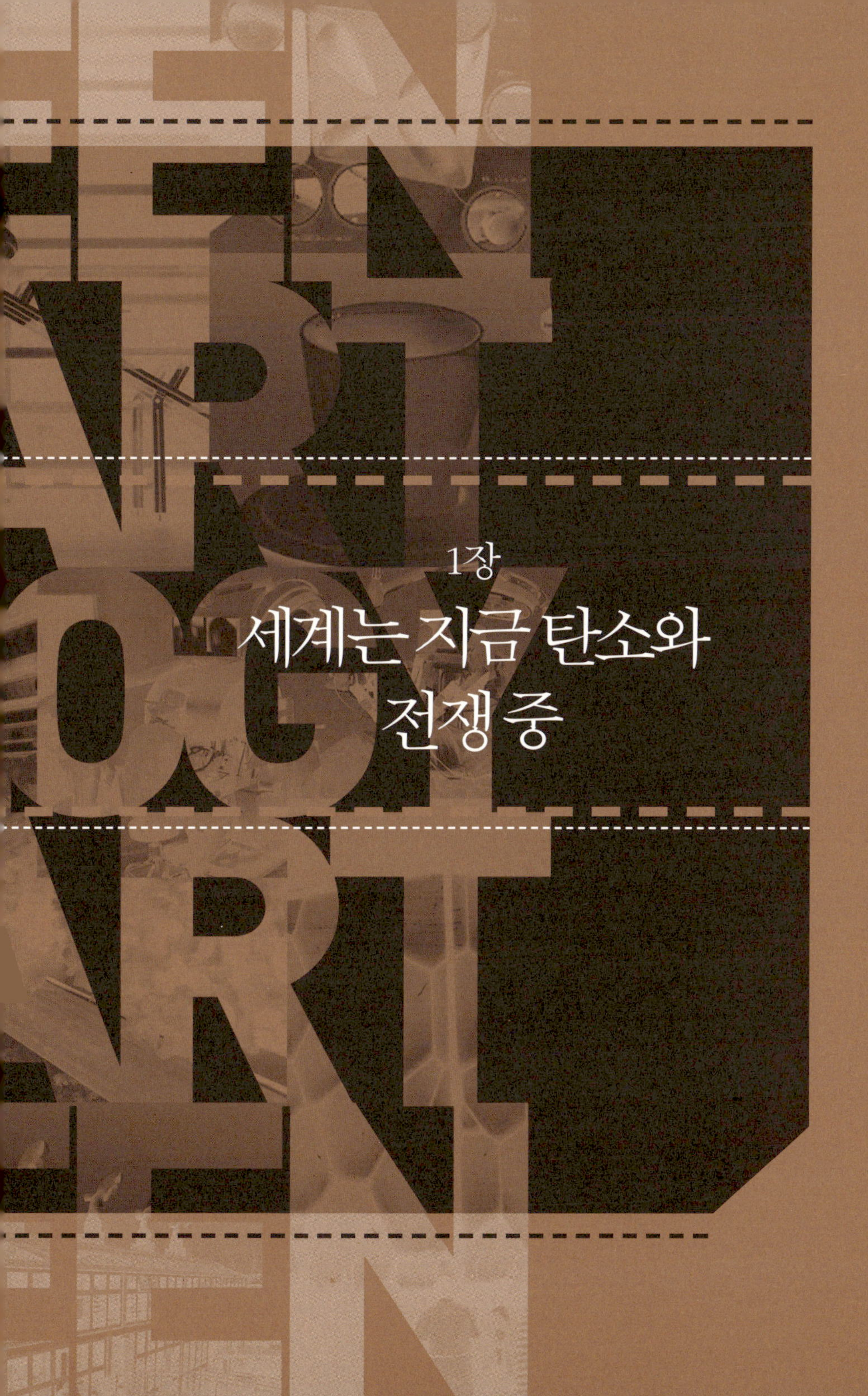

1장
세계는 지금 탄소와 전쟁 중

코앞으로 다가온 핫이슈, **탄소시장**[1]

– 강희찬

확대되는 탄소배출권
거래시장

1997년 일본 교토에 주요 선진국들이 모여 온실가스 감축에 합의했다. 이른바 교토협약이다. 이에 따라 협의국과 해당 국가의 기업들은 감축의무량을 할당받았다. 또 이를 효율적으로 달성하기 위해 감축된 온실가스 1톤에 대한 권리, 즉 배출권을 부여하고 이를 거래할 수 있는 배출권 거래제가 2008년부터 시행되었다.

온실가스를 시장에서 거래할 수 있게 만든 증권인 탄소배출권은 이미 유럽연합과 미국 등의 여러 거래소에서 활발하게 거래되고 있으며, 온실가스를 많이 배출하는 업계와 국제 금융자본의 관심을 받고 있다. 거래 당사자들은 온실가스 감축을 할당받은 발전업자와 철

강, 석유화학, 시멘트 등 생산과정에서 많은 온실가스를 배출하는 기업이다.

같은 비용을 투자해도 어떤 기업은 온실가스를 쉽게 줄이는 데 반해 어떤 기업은 그러지 못한다. 이러한 할당량의 차액을 기업들이 사고 팔 수 있게 만든 것이 탄소배출권이다. 예를 들어 100톤을 할당받은 A사가 이보다 많은 양인 탄소 120톤을 감축해서, 남은 배출권 20을 거래시장에 내놓으면 20톤만큼의 온실가스를 줄이지 못한 B사가 이를 구매하는 것이다.

탄소배출권 거래가 가장 활발하게 이루어지고 있는 곳은 교토의정서*를 이끌어왔던 유럽연합이다. 2005년 1월 1일에 영국 런던과 독일 프랑크푸르트 등에 탄소 거래시장이 개설되었으며, 2004년까지 자국 기업간의 거래만 가능하던 것이 2005년부터는 외국 기업과도 거래가 가능해지면서 약 5,000개 이상의 유럽연합 기업이 등록했다.

유럽기후거래소ECX, EU Climate Exchange의 자료에 의하면 2009년 전 세계 탄소 시장의 규모는 680억 유로에 이르렀다. 2010년 1월 현재, 유럽연합이산화탄소할당량EUAs과 공인탄소배출감소유닛CERs의 전 세계 거래량을 살펴보면 유럽선물거래소ECX/ICE에서 89.3%로 가장 많은 양이 거래되고 있으며, 프랑스의 블루넥스트Bluenext에서 7.3%가, 노르웨이의 노드풀Nord pool에서 1.3%가, 독일의 유럽에너지거래소EEX에서 1.4%가 거래되고 있다.[2]

2008년 6, 7월경에는 각각 30유로와 25유로에 근접하던 EUA와 CER의 가격도 2009년 2월에는 10유로 이하로 낮아졌다. 이후 점차 상승세를 보이다가 2010년 1월 현재 새로운 할당량의 경매에 대한 기대로 다소 주춤한 상태다.[3] 2008년 5월에 포인트 카본**이 예측한 바에 의하면 2020년에는 전 세계 탄소 시장의 규모가 2조 유로3.1조 달러에 이를 것이라고 한다.

탄소배출권 시장은 세계적인 경기침체로 2008년부터 성장세가 주춤한 상황이나, 경기가 회복되고 2012년으로 예정된 교토의정서의 의무기한이 다가옴에 따라 다시 성장할 것으로 예측되고 있다. 특히 교토의정서를 탈퇴했던 미국에서도 2009년 온실가스 배출권 거래제의 내용을 포함하고 있는 청정에너지안보법Waxman-Markey법이 하원을 통과하여 탄소배출권 시장의 성장은 더욱 탄력을 받을 것으로 예상된다.

우리나라의 배출권 거래제 시행계획

그렇다면 우리나라의 상황은 어떨까? 1998년 당시 외환위기를 겪으며 우리나라는 다행히 교토협약의 온실가스 감축의무국에서 제외되었다. 하지만 2012년이면 교토협약이 만료된다. 2007년 기준 온실가스 배출량 세계 10위, 그리고 배출 증가량 세계 1위[4]인 우리나라는 포

* 교토협약에 기반을 두고 감축기간, 감축대상, 감축할당량, 감축방식에 대한 내용을 담은 법적 구속력이 있는 문서.
** Point Carbon. 배출권 관련 가격, 거래량 등의 정보를 제공하는 유럽의 대표적인 회사.

스트 교토협약에서 온실가스 감축의무국에 포함될 확률이 매우 높다.

　정부는 온실가스 감축을 위한 총량 제한 배출권 거래제 도입을 적극 검토하고 있으며, 2010년 하반기에는 총량 제한 탄소배출권 거래제 도입을 위한 시행령을 제정할 계획이다. 특히 2009년 12월 30일 저탄소 녹색성장 기본법이 국회를 통과하면서 관련 하위 법령의 제정이 급물살을 탈 것으로 보인다. 이처럼 관계 법령이 정비되면 2011년부터 단계적으로 배출권 거래제를 시행할 예정이다.

　우리나라는 이미 2004년부터 '국내 온실가스 감축사업 등록제도'를 통해 배출권 거래제 도입을 위한 사전적 의미의 인프라를 구성하여 운영하고 있다. 또한 기업들이 생산활동을 통해 배출하는 온실가스를 파악하여 관리하는 총괄적 온실가스 관리 시스템 '온실가스 인벤토리'를 구축하는 중이다.

　제도에 의해 만들어지고 제도에 의해 운영되는 탄소 시장은 정치적 이해관계가 복잡하게 얽혀 있을 뿐만 아니라, 탄소배출권의 상품적 특성으로 인해 매우 복잡하고 이해하기 어려운 시장이 되었다. 그러나 앞으로의 세계경제는 금융 시장이든, 상품 시장이든 탄소 시장과의 연계를 통해 움직일 것이다. 따라서 탄소 시장을 충분히 이해하고 적극적으로 활용하여 녹색성장의 기반으로 삼아야 할 것이다.

온실가스 감축량 평가 등
구체적인 전략이 필요하다

이미 상당수의 발전회사 및 에너지 다소비 기업들은 나름의 전략을 세우고 다가올 온실가스 감축의무와 배출권 획득 및 거래에 대비하고 있다. 하지만 아직은 대부분의 기업들이 구체적인 계획을 수립하는 데 있어서는 준비가 부족한 상황이다. 따라서 다음과 같은 전략이 필요하다.

첫째, 기업들은 각 사업장별로 얼마만큼의 온실가스를 배출하는지 분석하고 얼마만큼 줄일 수 있는지, 다시 말해 감축 가능량을 평가해야 한다.

우리나라의 경우 현재 에너지관리공단에서 온실가스 배출량 정보시스템 GEIS, Greenhous Gas Emission Information System 을 통해 배출계수, 발열량, 산정방법 등의 전문 정보에 관한 기업의 온실가스 배출량 산정지침을 제공하고 있다. 기업들도 표준 지침에 의한 자체 온실가스 배출량을 파악함으로써, 이후 배출권 거래제 메커니즘이 적용될 때 비용 최소화를 달성할 수 있는 기본 정보를 획득해야 한다.

둘째, 기업의 내부 역량을 고려하여 에너지 효율 개선, 신재생에너지 이용 확대 등 다양한 방식의 온실가스 감축계획을 수립하여 지속적으로 진행해야 한다.

최근 태양광, 풍력 등 신재생에너지와 하이브리드 기술 등 대체에너지가 주목을 받으면서 많은 투자가 이루어지고 있고 이산화탄소 감축에 따르는 한계저감비용이 가장 낮은 옵션인 에너지 효율 시스템 도입이 속도를 내고 있다. 감축대상 기업은 신재생에너지 또는 온실가스 감축 관련 청정개발체계CDM 사업에 직·간접적인 투자를 함으로써 탄소배출권 비용 상승의 부담을 헤지할 수도 있다. 그러나 보다 근본적으로는 신재생에너지 기술 도입과 에너지 시스템의 개선을 통한 내부적 감축노력이 이어져야 한다.

셋째, 교토의정서 체제 하에서 허용된 CDM 사업에 대한 기회를 효과적으로 활용할 필요가 있다. CDM 사업은 탄소배출권의 가격 리스크와 물량확보 리스크를 저감할 수 있는 정책 옵션이다.

탄소 비즈니스에 대한 해외 기업의 움직임은 발 빠르다. 영국의 석유회사인 BP는 일찍부터 사내 배출권 거래제를 시행한 바 있으며, 배출권 거래전담반을 구성하여 사내 배출의 28%를 차지하는 27개 지점이 유럽배출량거래제도EU-ETS에 적극 참여하고 있다. 일본의 미쓰이도 세계은행이 운영하는 카본펀드인 PCFProtorype Carbon Fund에 6억 달러를 투자하였으며, 유럽부흥개발은행EBRD의 에너지효율 및 온실가스 감축 펀드Dexia-FondElec Energy Efficiency and Emission Reduction Fund에 1억 유로를 투자함으로써, CDM 사업을 통한 배출권 확보에 주력하고 있다.

마지막으로 정부가 추진하고 있는 온실가스 감축 등록사업, 시범적 배출권 거래제에 능동적으로 참여하는 것이 좋다. 이렇게 거래 경험을 쌓으면 2013년 이후에 본격적으로 시행될 글로벌 배출권 거래제에 효과적으로 대응할 수 있을 것이다.

푸른 지구의 미래, **탄소제로도시**

– 조용권

7미터 콘크리트 위에 세워지는
마스다르

전 세계 에너지의 70%, 평균 자원 사용량의 3배가 도시에서 소비된다는 자료가 발표되면서[5] 도시 차원의 종합적인 온실가스 절감대책이 중요한 과제로 부상했다. 이러한 요구에 따라 탈화석, 저탄소를 실현하는 탄소제로도시들이 주목받고 있다. 탄소제로도시란 화석연료를 전혀 사용하지 않거나, 온실가스 배출량만큼 청정 에너지를 생산하는 도시를 일컫는다.

가장 대표적인 사례가 세계 최대의 탄소제로도시로 계획되고 있는 마스다르다. 마스다르는 아랍에미리트의 수도인 아부다비에서 약 30킬로미터 떨어진 해안 사막에 있는 도시로 전체 면적이 여의도의 3분의 2에 해당하는 6제곱킬로미터다. 2008년 220억 달러를 투자해 시작된 공사가 현재 진행 중이다.

마스다르는 '자원'이라는 뜻의 아랍어로, 이 도시의 이름에는 앞으로 석유가 고갈되더라도 지금과 같이 품격 높은 생활을 유지하겠다는 의지가 담겨 있다. 탄소제로도시로서의 마스다르는 크게 세 가지 특징을 가지고 있다.

첫째, 전력 생산의 거의 대부분을 태양광, 풍력 등의 신재생에너지에 의존함으로써 비슷한 규모의 타 도시에 비해 에너지를 20%만 사용하도록 설계된다.

건물 높은 곳에는 모두 풍력발전기가 세워지는데, 여기에는 두 가지 목적이 있다. 주된 역할은 전기를 생산하는 것이지만, 프로펠러만 달린 일반 터빈과 달리 천연 에어컨 기능도 하게 된다. 페르시아 만에서 불어오는 따뜻한 바람은 풍력발전기를 통해 전기를 만들어내는 동시에, 긴 관을 통해 지하로 이동하여 저장된 물과 접촉하면서 시원한 바람으로 변한다. 이 시원한 바람은 다시 관을 통해 실내로 유입되어 실내 온도를 낮추게 된다.

각 건물 옥상에 설치되어 전기를 생산할 태양전지판 역시 단열 기능을 담당하게 된다. 도시 내에 화석연료를 사용하는 발전소가 따로 없기 때문에 배출되는 탄소량은 제로이며 부족한 전력은 수소발전소를 이용해서 보충할 계획이다.

둘째, 마스다르는 쓰레기가 전혀 나오지 않는 도시로 만들어질 예정이다. 쓰레기는 분리수거되어 재활용되거나 퇴비로 재생산되며, 하수

슬러지Wastewater Sludge 같은 폐기물은 연료로 다시 만들어질 예정이다. 또 연간 10여 일에 불과한 우기에 빗물을 모아서 지하에 저장한 뒤에 이를 실내 온도를 조절하고 녹지를 조성하는 데 사용할 계획이다.

셋째, 도시 전체를 7미터의 콘크리트 기둥 위에 세워, 기둥 아래를 자동화된 전기 운송수단을 위한 공간으로 활용할 예정이다. 도시 내에는 자동차의 진입이 허용되지 않기 때문에 도시 안으로 들어가려면 외곽에 있는 10여 곳의 버스정류장과 자기부상열차를 이용해야 한다. 물론 버스는 모두 전기로 움직이는 친환경 버스다. 또한 도시 내의 단거리 이동수단으로는 자전거와 전기로 움직이는 1인용 교통수단인 세그웨이Segway가 이용될 계획이다.

한편 아랍에미리트 정부는 다국적 친환경 관련회사들이 입주하여 기술개발을 할 수 있도록 유도하기 위해 세금감면 혜택을 제공하고 있는데 이에 따라 제너럴일렉트릭GE과 같은 유수의 기업이 이곳으로 몰려들고 있다. 게다가 마스다르 건설현장의 태양광 시험장에서는 전 세계 41개 회사에서 만든 집전판이 실험되고 있다. 여기에서 실험된 집전판 중 가장 효율이 좋은 제품이 도시 건설에 채택될 것이라고 한다.

탄소제로도시에 도전하는 국가들

영국의 베드제드BedZED, Beddington Zero Energy Development는

규모는 작지만 세계에서 가장 먼저 만들어진 탄소제로도시다. 베드제 드는 2002년에 런던 남부 베딩턴 시의 오물 처리장을 매립해 100가 구 정도의 규모로 조성한 친환경 주거단지다. 가장 특이한 것은 지붕 위에 달린 닭벼슬 모양의 특수 환기구로, 이는 바람의 방향에 따라 회 전하면서 건물 안팎으로 공기를 순환시켜 온도를 적절히 유지하도록 하는 장치다.

베드제드의 환기구. 지붕에 달린 닭벼슬 모양의 환기구가 건물 안팎의 공기를 순환시켜 온도를 적절히 유지시킨다.

뿐만 아니라 전체 건물이 빗물과 오수를 재활용하고, 고효율 단열 재와 삼중창 등을 이용하여 에너지 사용을 줄이도록 설계되었다. 한 편 폐목재를 활용한 열병합발전과 태양광발전으로 온수와 전력을 공 급하고, 공동으로 사용할 수 있는 전기자동차와 충전소를 설치해 온 실가스 배출을 최소화시켰다.

이러한 시설을 바탕으로 베드제드는 난방 에너지의 66%, 수도 사용량의 36%를 절감했다고 한다. 영국에서는 베드제드의 성공에 힘입어 향후 신축되는 주택을 탄소제로주택으로 건립하려고 계획하고 있다.

가격 경쟁력으로 승부하는 중국의 동탄 에코시티도 주목할 만하다. 이곳은 2050년까지 13억 달러를 투자해서, 상하이 인근 총밍섬에 50만 명이 거주할 수 있도록 설계한 탄소제로도시로 전체 건물이 6층 이하의 저층이고 건물 간의 이동거리가 짧게 설계된 것이 특징이다. 에너지 역시 투자비가 저렴한 소형 풍력과 볏짚 등의 바이오매스를 주로 활용할 계획이다. 대중교통으로는 태양광 수상택시나 수소연료 전지 버스 등이 활용될 예정이다. 이렇게 조성된 탄소제로도시는 기존 도시보다 에너지 소비를 64% 가까이 절감할 것이라고 한다.

이 외에도 캐나다Dockside Green, 덴마크H2PIA, 독일Preiburg, 리비아Green Mountain 등에서도 탄소제로도시 시범사업이 추진되고 있다.

탄소제로도시의 조건

세계 각지에서 시도되고 있는 탄소제로도시의 공통점은 화석연료의 사용을 억제하고 태양광, 풍력, 바이오매스 등의 그린 에너지를 최대한 활용한다는 점이다. 또한 에너지 효율이 높은 주택

설계를 실현하고 있으며, 전기자동차와 같은 친환경 자동차를 보급하고, 이러한 차량의 이동거리를 줄이기 위해 건물과 도로를 효율적으로 구축하는 것도 중요한 특징이다. 마지막으로, 빗물, 폐기물을 최대한 재활용할 수 있는 시스템이 마련되어 있다는 점도 중요한 요소다. 어떤 특징을 가진 탄소제로도시든 이러한 요소들이 어우러질 때 온실가스를 효과적으로 줄일 수 있는 것이다.

도시화와 온난화가 메가트렌드인 상황에서 탄소제로도시는 미래의 핵심 키워드로 자리매김할 것으로 보인다. 우리나라도 국내에 적합한 탄소제로도시 구축과 관련기술 개발에 적극적으로 대처하여 탄소제로도시가 가져올 새로운 사업기회를 적극 모색할 시기가 되었다.

탄소제로도시의 핵심인 그린 에너지, 친환경 건축자재, 하수 처리 및 재활용 기술, 도시정보 인프라 구축을 위한 그린 정보기술 등은 우리나라가 국제무대에서 충분히 경쟁력을 발휘할 수 있는 유망 분야가 될 것이다.

친환경 기술의 결정체, 에코하우스

– 이안재

주택 시장의 새 바람
에코하우스

한 시대의 트렌드와 기술의 결정체라 할 수 있는 주택 시장에 에코하우스Eco House라는 새 바람이 불고 있다. 에코하우스란 에너지를 적게 쓰고 지구 환경을 덜 파괴하는 집, 즉 지구도 살리고 사람도 살리는 집을 말한다. 에코하우스에 대한 선진 주택업체들과 시스템 공급업체들의 주도권 경쟁도 치열하다. 자사의 기술적 우위를 과시하거나 테스트베드Test-Bed로 활용하기 위해 많은 업체들이 에코하우스 콘셉트의 모델하우스를 개발하는 사례가 증가하고 있는 것이다. 이렇게 만들어진 모델하우스야말로 자동차 산업의 콘셉트카처럼 미래 주택의 모습을 엿보게 해준다. 대표적인 에코하우스에는 어떤 것이 있는지 알아보고 이를 통해 미래 주택의 모습을 그려보자.

탄소제로주택

먼저 일본 경제산업성이 주관하고 건축세키스이하우스, 가전업체 등 42개 사가 참여해서 만든 '탄소제로주택[6]Zero Emission House'을 살펴보자. 탄소제로주택은 일본의 친환경 에너지 기술을 전 세계에 과시하기 위해 만들어진 것으로 일본 첨단 기술의 복합체라 할 수 있다. 이 집에서 눈여겨봐야 할 것은 크게 세 가지다.

첫째 에너지 절감 기술이다. 탄소제로주택은 지붕을 식물성 이끼로 녹화하여 실내 온도를 1~2도 정도 낮추었기 때문에 여름철의 에어컨 사용량을 줄일 수 있다. 또 단열 성능을 한층 강화한 유리, 진공단열재와 우레탄보드를 조합한 하이브리드 단열재 등을 사용하여 열손실을 최대한 방지했다. 조명의 경우 유기EL Organic Electro Luminescence Display 과 LED 조명을 설치해서 에너지 효율을 높였고, 특히 자연광을 실내로 끌어오는 광덕트빛을 끌어들이는 장치 조명을 설치해서 에너지를 사용하지 않고도 숲 속과 같은 자연스런 분위기를 연출할 수 있다. 이 밖에도 고효율 급탕기, 물 없이 오존과 강한 바람만으로 세탁하는 세탁기, 에너지 절감형 스팀오븐렌지 등을 설치함으로써 에너지 사용량을 최대한 줄였다.

둘째, 다양한 신재생에너지 기술을 적용하여, 집 자체를 하나의 발전소로 만들었다. 실제로 탄소제로주택은 지붕에 설치된 태양광발전 설비로 하루 14.5kW의 전력을 얻을 수 있는데, 이는 일본 주택이 평균적으로 사용하는 전력의 5배 수준이다. 또 거실 창에는 투명박막 태양전지가 장착된 발전유리가 설치되어 있어서 1제곱미터당 최대 30W의 전력을 생산할 수 있다. 한편, 옥외에는 소형 풍력발전기가 설치되어 있는데 고강도 탄소섬유 소재를 사용해 매우 가볍고 조용하다. 뿐만 아니라 집 안에 설치된 가정용 연료전지 시스템이 전기와 온수를 동시에 공급한다.

셋째, 친환경 기술이다. 탄소제로주택은 쓰레기 소각물을 활용한 에코시멘트, 폐목재와 폐유리를 재활용한 건자재 등 폐기물을 재활용한 자재로 지어졌다. 집을 짓는 과정에서도 환경부하를 낮추기 위해 노력한 것이다. 주택 외벽에는 광촉매 코팅이 되어 있는데, 이는 공기 중의 질소산화물을 분해하는 정화작용을 한다.

거주자의 건강을 고려한 제품과 기술도 있다. 자동으로 조명·음향·커튼·침대매트 등을 조절하여 최적의 수면환경을 구현하는 쾌적수면 시스템, 겨울철 결로結露와 여름철 눅눅함을 방지하는 습도조절 건자재, 고농도 탄산가스를 발생시켜 천연 온천 이상의 목욕수를 제공하는 탄산수 욕조 시스템 등이 설치되어 있다.

에코아이디어 하우스

2009년 4월에 오픈한 파나소닉의 '에코아이디어 하우스Eco Ideas House'
역시 대표적인 친환경 주택 모델로, 2005년에 선보였던 '에코앤유니
버설 디자인하우스Eco & Universal Design House'의 업그레이드 버전이다. 이
모델하우스의 핵심 콘셉트는 에너지 제로, 이산화탄소 배출 제로다.
에너지 효율을 높여 에너지 사용량을 줄이는 한편, 연료전지, 태양광
발전 등으로 에너지를 생성하여 축전지 등에 저장하기 때문에 이산화
탄소가 전혀 배출되지 않는다고 한다. 파나소닉은 10년 이내에 이 꿈
을 실현할 수 있을 것으로 내다보고 있다.

이 모델하우스의 에너지 절감 기술은 다음과 같다. 거실에 설치된
환기타워 S Wind Passage Tower S라는 시스템이 거실 바닥을 통해 여름에는
시원한 공기를, 겨울에는 따뜻한 공기를 실내로 유입시킨다. 에어컨
은 사람이 있는 장소와 움직임을 자동으로 감지하여 최적의 기류를
내보내는데, 예를 들어 가만히 있는 사람에게는 충분히 따뜻한 바람
을, 움직이는 사람에게는 덜 따뜻한 바람을, 사람이 없어지면 자동으
로 전원을 차단한다. 불필요한 에너지 사용을 줄이는 것이다.

조명 시스템의 경우 천정과 벽을 통해 최대한 자연채광을 하고, 에
너지 효율이 높은 LED 조명과 조도를 최적으로 자동조절하는 장치를
활용하여 에너지 사용을 최소화한다. 이 밖에도 물 사용을 최소화하
는 경사형 드럼세탁기, 진공단열재를 적용하여 단열성을 크게 높인
냉장고, 전기주전자, 욕조 등이 설치되어 있으며, 이러한 모든 시스템

들은 홈네트워크를 통해 모니터링되고 최적 제어된다.

또한 신재생에너지 시스템을 사용한다. 연료전지 시스템이 온수와 전기를 공급하고, 지붕에 설치된 태양광 패널을 통해 전기를 생산하는 것이다. 그리고 이렇게 생산한 전기는 리튬이온 배터리에 저장되어 필요할 때 사용할 수 있다.

국내 에코하우스:
그린 투모로우

에코하우스가 해외에만 있는 것은 아니다. 국내에도 건설 대기업들이 에코하우스 개발을 활발하게 추진하고 있다. 2009년에 오픈한 삼성물산의 '그린 투모로우Green Tomorrow'가 대표적인 사례다.

그린 투모로우는 에너지 절감기술, 신재생에너지 기술 등 68가지의 친환경 기술을 적용한 에코하우스다. 우선 눈에 띄는 것은 에너지 사용을 줄이는 기술이다. 주택을 정남향 및 장방형 구조로 설계하여 자연의 빛과 열을 최대한 확보했고, 천장에 창문을 만들고 화장실에도 광덕트를 설치해 자연광을 사용할 수 있게 했다. 주택의 단열 성능도 크게 높였다. 냉장고 단열재로 개발된 진공단열재를 사용했고, 단열 효과가 좋은 외단열 방식을 적용했다. 삼중 유리 창호를 사용했고 현관에는 이중 외피 시스템을 적용해 일반 창호에 비해 단열성을 높였다. 또 옥상 녹화로 인해 발생할 수 있는 환기 문제는 맞통풍을 통해 자연환기가 잘 이루어지도록 설계하였고, 열회수형 환기장치를 설치해 열효율 및 환기 효과를 높였다.

전력 사용을 최소화하기 위한 방안도 다양하게 적용되었다. 직류 전원을 공급하여 교류를 직류로 변환하는 과정에서 발생하는 에너지 손실약 4%을 제거했고, 대기전력 차단 시스템을 설치하여 사용하지 않는 시간에 발생하는 전력 손실을 방지했다. 또한 LED 조명, 단열 욕조, 절수형 양변기와 같이 효율이 높은 설비를 사용하여 에너지 소비를 최소화했다. 이러한 에너지 절감 기술은 에너지 사용량을 기존 주택의 절반 수준으로 줄인다.

필요한 에너지는 태양광, 태양열, 지열, 풍력 등 신재생에너지를 통해 조달함으로써 궁극적으로 에너지 제로를 실현했다. 그린투모로우에는 연간 21MWh를 생산하는 지붕형 태양광발전 시스템BIPV, 창문에 설치된 블라인드형 태양광발전 시스템, 염료 감응형 태양광발전 시스템이 에너지를 생산하고 있다. 뿐만 아니라 태양광발전이 어려운 야간에는 마당에 설치된 소형 풍력발전기가 전력을 생산하고, 평균 15도 내외의 지열을 히트펌프로 조절하여 냉난방에 활용하고 있다.

가구는 폐목재, 대나무 등 친환경 자재로 만들었고, 우수雨水와 오폐수를 정수한 중수를 화장실 세척용수, 청소용수, 정원용수 등으로 사용한다. 이 밖에도 그린투모로우에는 폐자재 활용 콘크리트, 바이오 마감재 등 이산화탄소 발생을 줄이기 위한 다양한 기술과 아이디어들이 적용되었다.

미래의 주택은 에너지를 적게 쓰고, 환경 파괴를 최소화하는 에코

하우스인 동시에 그 집에 사는 사람의 삶의 질까지 높이는 웰빙하우
스라 할 수 있다. 주택업계는 물론 전자, 화학, 바이오 등 다양한 업계
에서도 이러한 에코하우스에 관심을 기울이고, 기술력 확보 및 제품
개발에 주력할 필요가 있다.

04

지구를 살리는 신기술, CCS

– 김현한

이산화탄소를
가둬라

지구온난화로 인한 이상기후로 지구촌 전체가 몸살을 앓고 있다. 이에 따라 전 세계가 대체에너지를 개발하고 에너지 효율을 높이는 기술을 개발하는 등, 기후 변화의 주범인 이산화탄소를 줄이기 위해 안간힘을 쓰고 있다. 그런데 최근 지구를 살리는 좀 색다른 기술이 등장했다. 바로 이산화탄소를 대기 밖으로 내보내는 대신 포집해서 영구 처리하는 이산화탄소 포집 및 저장 기술CCS, Carbon Capture and Storage이다.

지구에서 발생하는 이산화탄소 중 약 40%는 화력발전소와 같은 특정 장소에서 집중적으로 배출된다.[7] 따라서 이런 굴뚝에서 나오는 이산화탄소만 잘 포집해서 저장해도 지구온난화 사태는 획기적으로 개선될 것으로 보인다. CCS는 이처럼 이산화탄소가 대량으로 발생하는 곳에서 이산화탄소만을 분리해 포집한 다음, 저장용량이 방대한 지하 공간이나 해양에 수백 년 이상 안정적으로 저장하는 기술이다. 지금까지의 기술이 이산화탄소의 발생량 자체를 줄이는 데 집중했다면, 이 기술은 이미 발생한 이산화탄소를 대기로 방출시키지 않는 데 집중한다.

물론, 이러한 기술로는 지구온난화를 근본적으로 해결할 수 없다. 그러나 기존의 기술만으로는 이산화탄소를 효과적으로 줄이기 어렵고, 화석연료 위주의 산업구조를 갑작스럽게 바꾸는 것도 불가능하다는 점 때문에 CCS는 지금 가장 현실적인 대안으로 주목받고 있다. 참고로, 경제협력개발기구OECD와 국제에너지기구IEA는 2050년에는 전 세계 이산화탄소 감축량 중 약 20%가 CCS에 의해 이루어질 것이라고 전망했다.

포집, 운송, 저장 등
기술 선점이 관건

따라서 미국과 일본 등 선진국 정부와 기업들은 CCS 기술을 선점하기 위해 연구개발에 박차를 가하고 있다. CCS 기술은 이산화탄소 포집, 운송, 저장 등 3단계로 구분할 수 있다.

전체 CCS 공정에서 약 70%의 비용을 차지하는 포집 단계와 관련해서는, 배출가스에서 이산화탄소를 분리하는 공정이 활발히 연구되고 있다. 특히, 이산화탄소와 친화력이 있는 흡수제를 이용하는 방법 중 흡수제 재생시 에너지 소비가 적고 부식에 강하며 폐수가 발생하지 않는 건식흡수방법, 배출가스로부터 이산화탄소를 선택적으로 투과시켜 이산화탄소 회수비용을 대폭 낮추는 막분리법에 연구가 집중되고 있다.

운송 단계의 경우, 이산화탄소를 저장할 수 있는 지역은 한정되어 있고, 이산화탄소를 포집한 장소에서 바로 매립하기가 어렵다는 점 때문에 운송방식의 경제성이 검토되는 중이다.

저장 단계와 관련해서는 이산화탄소의 누출 및 환경오염이 없는 안전한 저장기술 개발 및 저장장소 확보에 주력하고 있다. 이산화탄소 저장장소로는 해양 및 지중 지층이 각광받고 있는데, 해양을 저장장소로 사용할 경우 해양 생태계가 빠르게 파괴되는 것으로 알려져 있어 본격적인 적용이 어려운 실정이다. 반면 지중 지층에 이산화탄소를 저장하는 기술은 1996년 이후 미국, 유럽 등 선진국을 중심으로 활발히 개발되어 적용 중이며, 지중 지층 중에서도 지하 1~2킬로미터 깊이의 대염수층, 석유·가스층, 석탄층이 가장 적합한 것으로 알려져 있다. 특히, 대염수층의 저장능력은 약 850GtC_{Gigaton of Carbon. 10억 톤에 해당하는 탄소량}로 2009년 세계 이산화탄소 배출량이 약 8GtC이었음을 감안할 때 충분한 저장능력을 갖춘 것으로 평가된다.[8]

그렇다면 우리나라의 상황은 어떨까? 고성능 흡수제 및 분리막 기술, 즉 포집 기술은 현재 선진 기술의 약 60~80% 수준으로 평가되고 있으며, 그 외에도 다양한 연구가 진행되는 중이다. 일례로, 2009년 한양대 연구팀이 개발한 다공성 고분자막을 이용한 이산화탄소 포집 기술은 기존의 이산화탄소 분리효율을 약 500배 이상 향상시킨 것으로 나타났다.

저장 기술에 있어서는 동해가스전을 이용한 이산화탄소 저장사업을 2015년 상용화하는 로드맵을 제시했다. 또한 우리나라는 현재 저장소 확보를 위한 국제 모임인 탄소처리 리더십 포럼에 참여하고 있으며, 이산화탄소 회수 및 저장에 대한 국제 공동 기술개발에 동의한 바 있다.

엄청난 잠재 시장,
경제성과 안정성이 과제다

CCS는 2010년 이후 선진국을 중심으로 검증을 거친 후, 2020년부터 화력발전소에 본격적으로 운영될 전망이다. 또 장기적으로 CCS를 통한 이산화탄소 감축이 활성화되는 2030년경에는 최대 약 2,000억 유로 규모의 시장이 형성될 것으로 예상된다.[9] 하지만 그에 앞서 해결해야 할 과제도 많다.

첫째는 경제성이다. 유럽의 탄소배출권 시장에서 이산화탄소는 톤당 30달러 미만으로 거래되고 있는데, CCS를 통해 이산화탄소 1톤을 처리하는 데 드는 비용은 100달러 정도로, 배보다 배꼽이 더 큰 상황

이다.[10]

둘째, 누출과 관련된 안정성 문제다. 저장 후 적어도 수백 년 이상은 이산화탄소가 땅 위로 누출되지 않고 안정적으로 저장되어 있어야 하기 때문이다.

이처럼 아직은 갈 길이 멀지만, CCS 기술은 지구온난화를 막고 교토의정서에 가장 현실적으로 대처할 수 있는 대안이다. 따라서 CCS 기술 개발에 중점 투자할 필요가 있으며, 특히 원천기술 확보를 위한 국가적 차원의 투자가 필요하다.

또한 테스트 비용도 높고 오랜 기간이 소요되어 사업 리스크가 매우 크기 때문에, 정부의 지원과 여러 기업의 합작을 통해 사업 리스크를 줄여 나가는 방안도 적극적으로 모색되어야 한다.

창의성과 친환경이 만난 제품들

– 조용권

친환경 아이디어를 입은
이색 제품들

금융위기 이후의 경기침체에도 불구하고 친환경 제품에 대한 수요는 줄어들지 않고 있다. 2009년 9월, 글로벌전략 리서치 기관인 그레일 리서치Grail Research는 미국의 친환경 제품 소비현황 및 소비자 정서를 분석한 '그린 레볼루션Green Revolution'을 발표했다. 이 조사결과에 따르면 소비자의 80% 이상이 하나 이상의 친환경 제품을 구매한 것으로 나타났고, 59~93%의 응답자가 품목에 따라 차이는 있으나 향후에도 계속 구매하겠다고 답했다.

이색 제품도 계속해서 출시되고 있다. 그중 눈에 띄는 제품 하나가 바로 '물 먹는 시계'다. 얼핏 실내 제습제처럼 들리는 이 시계는 실제로 물을 먹고 움직인다. 말하자면 건전지가 아닌 물에서 동력을 얻는 것이다. 이 시계의 비밀은 양극과 음극으로 구성된 합금에 있다. 합금을 물속에 집어넣으면, 물속에 이온 상태로 녹아 있던 미량의 물질들이 양극에서 음극으로 이동하며 전기를 발생시키는데 이때 만들어진 전기가 시계를 움직이는 것이다. 2주 간격으로 물을 갈아주어야 한다는 번거로움이 있지만, 전지를 만들거나 다 쓴 전지를 처리할 때 발생하는 온실가스를 줄이고 환경오염도 막을 수 있다는 점에서 교육용 친환경 제품으로 인기를 끌고 있다.

이처럼 과거에는 상상도 할 수 없었던 제품들이 최근 들어 친환경이라는 아이디어를 입고 새롭게 출시되고 있다. 이런 제품들에는 주목할 만한 세 가지 트렌드가 있다.

태양, 진동, 압력 등 에너지원의 다양화

첫째는 바로 비非에너지 제품의 에너지원화다.

태양광 패널이 보편화되면서 태양광으로 전기를 만들어 쓰는 휴대폰과 드라이어가 등장했다. 그런데 가전제품이 아닌 상품에도 태양광 패널을 부착한 제품이 선을 보였다. 태양광 핸드백과 태양광 배낭이 대표적인 예다. 태양광을 이용해 전기를 만들고 노트북, 넷북, 휴대폰 등 휴대용 IT 제품에 직접 전력을 공급하거나 충전할 수 있도록 설계된 상품이다. 여러 IT 제품을 장시간 휴대하고 사용하는 소비자들에게 유용할 것으로 보인다.

그런가 하면 낮에 저장해둔 전력을 이용해 불을 밝히는 블라인드도 있다. 블라인드와 라이트의 합성어인 '블라이트'라는 이름의 이 제품은 블라인드 양면에 각각 발전장치와 조명기구를 설치하여 낮에는 빛을 받아 충전기에 저장했다가 밤이 되면 이 전기로 불을 밝힐 수 있도록 고안되었다. 이 블라인드에는 두 가지 기술이 융합되어 있다. 바깥쪽에는 얇은 태양광 셀이, 안쪽에는 소량의 전기에도 빛을 낼 수 있는 네온 전자호일이 붙어 있다. 낮이면 블라인드의 날이 빛을 따라 움직이면서 최대한 전력을 생산하고, 해가 지면 전기가 전자호일로 흐르며 실내를 밝히는 것이다.

독일에서 개발된 '선스테이션'이라는 이름의 벤치 역시 휴대용 IT 기기를 충전할 수 있도록 만들어졌다. 이 벤치에 앉은 사람들은 등받이를 높여 접시 모양의 태양광발전 설비를 갖춘 뒤 노트북이나 휴대폰을 충전할 수 있다.

두 번째 트렌드는 미활용 에너지의 재발견이다.

그린 에너지라고 하면 사람들은 주로 태양에너지나 풍력에너지, 수력에너지 같은 것을 생각한다. 하지만 우리가 사용할 수 있는 에너지원은 참으로 다양하다. 여기서 우리가 전혀 고려하지 않았던 에너지가 바로 운동에너지와 열에너지다.

사람의 움직임인 운동에너지를 이용하기 위해 개발된 제품이 '무브 유어에너지Move Your Energy'라는 흔들의자다. 이 의자 위에 앉은 사람은

의자의 흔들림만으로도 따로 불을 켜지 않고 책을 읽을 수 있다. 의자를 흔들면 하단에 있는 바퀴가 돌아가고 이를 통해 발전이 이루어지는데 이 전력이 LED 램프에 전달되어 불이 켜지는 것이다. 1990년대 회중전등에 사용됐던 자가전력 생산방식을 그대로 이용한 것처럼 보인다.

또한 사람의 움직임에서 나오는 진동으로 휴대폰을 충전할 수 있는 제품도 개발됐다. 미국의 벤처기업인 CⅢS사는 충전이 가능한 휴대폰 홀스터를 개발했는데, 이는 용수철에 달린 자석이 사람의 움직임에 따라 상하운동을 하면서 발전하는 관성력발전의 원리를 이용하는 제품이다.

사람의 열도 에너지원이 된다. 독일의 프라운호퍼 연구소에서는 온도 차에 의해 전기가 발생하는 이른바 열전기발전의 원리를 이용한 전력 생성장치를 개발하고 있다. 만약 이것이 상용화된다면 사람의 체온만으로도 휴대폰이나 노트북 등의 휴대기기를 충전하는 시대가 열릴 것이다.

한편 압력도 에너지로 이용되고 있다. 일본의 동경역에는 압전소자가 장착된 매트를 설치하여 사람이 지나다니면서 밟는 압력으로 전기를 생성하고 있다. 향후에는 자동차와 지하철의 진동을 활용하는 발전 시스템에도 응용될 것으로 보인다.

에너지 낭비 줄이는
친환경 디자인

세 번째 트렌드는 에너지 낭비의 근절이다.

대표적인 제품이 전력경보기Tweet-a-Watt와 전기 돼지저금통Power-Hog 인데, 이 두 제품은 친환경 디자인 경연인 '그린 가젯*Greener Gadgets 2009'에서 각각 1, 2위를 차지했다.

먼저, 전력경보기는 콘센트와 가전제품 사이를 연결하는 일종의 브리지 혹은 순간계량기라고 할 수 있는데, 가전제품 플러그를 전력경보기에 꽂으면 전기를 얼마나 사용하는지 곧바로 체크할 수 있다. 소비자가 전기제품의 전력 사용수치를 직접 보면서 절전을 유도하도록 만든 제품이다.

다른 수상작인 전기 돼지저금통 역시 콘센트와 가전제품을 연결하는 브리지다. 차이가 있다면, 사용자가 조금 불편을 감수해야 한다는 점이다. 전기를 사용하려면 매번 돈을 넣어야 하기 때문이다. 조금은 번거롭지만 에너지가 바로 돈이라는 것을 확실하게 느끼게 해주는 제품이다.

그런가 하면 LED를 이용해 총 전력 소모량을 줄이려는 노력도 이루어지고 있다. 백열등 같은 전구를 사용하는 전조電照 재배의 경우 백열등 대신 LED를 사용해서 전력 소모를 70%나 줄이고 채소의 맛

* 미국 가전협회(CEA)와 디자인 잡지인 〈코어77〉 등이 주최하는 대회로 2008년부터 시작되었다. 수상작은 인터넷 투표와 현장 투표, 심사위원의 채점을 종합해 선정되고, 출품작은 제품화가 이루어진다.

도 높이는 기술이 개발되었다고 한다.

유가에 대한 불확실성이 커지고 온난화에 따른 기후변화 위기가 부상하는 상황에서 친환경 제품에 대한 관심과 요구는 더욱 커질 것으로 보인다. 아직은 틈새시장에 불과하지만 곧 시장의 주류로 부상할 전망이다. 따라서 친환경 디자인은 상품의 경쟁력을 결정짓는 중요한 요소로 자리매김할 것이다. 기능과 외양을 중시했던 과거의 제품 에서 한걸음 더 나아가 친환경 아이디어를 반영하여 새로운 시장기회에 적극적으로 대처하는 자세가 필요하겠다.

무섭게 달려오는 미래, **친환경 자동차**

– 이원희

21세기 자동차 산업의 대세
친환경 자동차

친환경 자동차란 보다 적은 연료로 많은 거리를 주행함으로써 배출 가스를 줄일 수 있는 자동차를 말한다. 소비자의 입장에서는 연료비를 줄이고, 국가 차원에서는 환경을 개선시킨다는 이점이 있다.

에너지 가격의 상승과 이산화탄소 규제 강화에 따라 각국이 자동차 배기가스 규제에 나서면서 친환경 자동차에 대한 관심은 급증하고 있다. 유럽의 경우 2009년 현재 1킬로미터당 이산화탄소 발생량을 약 140그램 정도로 규제하고 있는데 2012년에는 120그램, 그리고 2020년에는 95그램로 강화할 예정이라고 한다. 기존 엔진의 성능을 개선하는 것으로는 이산화탄소의 발생량을 1킬로미터당 100그램 이

하로 줄일 수 없다는 것이 업계의 통설이기 때문에 친환경 자동차 개발은 자동차업계의 생존을 위해 반드시 필요한 조건이 될 것으로 전망된다.

일본, 한국 등 아시아에 자동차 산업의 주도권을 빼앗긴 미국과 유럽이 친환경 자동차를 통해 다시 주도권을 확보하겠다는 의지를 내보이면서 친환경 자동차의 부상속도는 더욱 빨라지고 있다. 2008년 전 세계를 뒤덮은 금융위기 이후 미국과 유럽연합은 친환경 자동차 개발을 위한 막대한 자금 지원을 발표했는데, 미국은 2010년 에너지부DOE의 연구개발 투자 중 전기자동차 부분을 60%나 상향한 바 있다. 유럽연합 역시 2008년 경기부양을 위한 3대 투자 분야 중 하나로 친환경 자동차를 선정하고 10억 유로를 투자하겠다고 발표했다.[11]

친환경 자동차는 크게 완전무공해차량ZEV, Zero Emission Vehicle, 부분무공해차량PZEV, Partial Zero Emission Vehicle 그리고 대체연료차량으로 구분된다. 완전무공해차량은 말 그대로 배기가스를 전혀 배출하지 않는 자동차로, 전기자동차EV, Electric Vehicle나 연료전지차FCEV, Fuel Cell Electric Vehicle를 가리킨다. 부분무공해차량은 기존의 가솔린 차량보다 배출가스가 90% 이상 적은 차량으로, 요즘 빠르게 보급되고 있는 각종 하이브리드 자동차가 이에 속한다. 대체연료차량은 바이오디젤, 바이오에탄올, 수소 등 대체연료를 사용하는 차량을 말한다.

세계 자동차 시장의
주도권 다툼

전기자동차는 배터리에 충전한 전기만으로 모터를 구동하여 주행하는 차량으로, 완전무공해차량을 선도하는 기술이라고 할 수 있다. 하지만 엔진의 힘과 주행거리를 확보하기 위해 배터리 무게를 늘리면 전체 효율이 저하된다는 단점이 있다. 또 1회 충전시간이 4~8시간이나 걸리고, 주행 가능거리가 300킬로미터를 넘지 못하는 것도 한계다.

이로 인해 전기자동차는 근거리용 소형 차량으로만 명맥을 유지했다. 하지만 리튬이온 배터리 등 배터리 기술의 발달과 전기 충전시설의 보급 계획에 따라 다시 관심이 집중되고 있다.

미국의 벤처회사 테슬러는 2006년 7월에 최고 속도가 시속 210킬로미터에 달하고 정지에서 시속 100킬로미터까지의 도달시간이 4초에 불과한 스포츠쿠페형 전기자동차 '로드스터'를 개발했다. 이 차는 2008년 생산이 시작된 후 2010년 초까지 약 1,000여 대가 판매된 것으로 알려져 있다. 2012년부터는 5만 달러 수준의 세단형 자동차를 생산할 계획이라고 하는데, 이를 위해 2010년 5월 도요타 자동차로부터 5,000만 달러를 투자받아 도요타-GM의 합작공장이었던 누미NUMMI의 인수를 발표했다.

르노-닛산, 미쓰비시, GM 등도 역시 2010년부터 전기자동차를 양산할 계획이라고 밝혔다. 특히 하이브리드 자동차 시장에서 주도권을 놓친 르노-닛산은 전기자동차 시장에 온 힘을 기울이고 있다. 2010년 말

전기자동차 '리프'의 미국 출시를 앞둔 닛산은 2010년 상반기에 1만 3,000대의 선주문 계약을 체결했으며, 2013년에는 세계 시장에서 50만 대 이상의 전기자동차를 판매하겠다는 목표를 세우고 있다.

선진국뿐 아니라 인도와 중국 등 후발 주자들도 저속 자동차 분야에서나마 전기자동차를 활발하게 개발하는 중이다. 중국의 마일즈일렉트릭비클은 2009년부터 1만 9,000달러대의 저속 전기자동차를 시범적으로 판매하고 있는데, 이 회사는 2007년 전기자동차 분야에서 최고 기술상을 받기도 했다. 인도의 레바일렉트릭에서 개발한 도심형 전기자동차 '레바'는 현재 전기자동차 중 가장 많이 판매된 것으로 기록되어 있다.

하이브리드 자동차는 기존의 내연기관과 전기모터를 동시에 사용한다. 시내 주행과 같이 저속 주행과 정차가 빈번한 경우에는 전기모터를 사용하고, 정속 운행시에는 내연기관을 사용해 연비를 높이고 배출가스를 줄인다. 현재 가장 경제성이 높은 하이브리드 자동차는 혼다 시빅 하이브리드와 도요타 프리우스로, 리터당 23~25킬로미터를 주행할 수 있다. 또한 렉서스의 RX400H와 LS600H, 벤츠의 S600L, BMW의 760Li처럼 고급 대형 차량에도 계속해서 하이브리드가 적용되고 있는데, 대형 차량에서는 아직까지 가격에 비해 연비나 출력 향상이 부족한 상황이다.

현재 가장 발전한 하이브리드 형태는 플러그인Plug-In 방식으로, 외부 전원을 이용하여 충전할 수 있다는 점이 기존 하이브리드와 가장 차별화된다. 주차 중에 외부 전원을 이용해 충전하면 배터리만으로 약 100킬로미터 정도를 주행할 수 있고, 배터리가 방전되면 일반 하이브리드 자동차처럼 내연기관을 돌려 다시 충전할 수 있다. 플러그인 하이브리드 차량의 연료비는 가솔린 차량의 4분의 1에 불과하다. 플러그인 하이브리드 자동차의 대표 주자는 GM이 야심차게 개발하고 있는 '볼트' 다. GM의 볼트는 전지만으로 주행 가능한 거리가 40마일로, 주행거리가 8마일인 도요타 프리우스보다 획기적으로 개선되었으며, 보조 동력원인 내연기관에는 가솔린뿐 아니라 바이오에탄올 등을 사용할 수 있다고 한다. GM은 볼트를 통해 기름 먹는 하마만 만들어낸다는 이미지를 불식시키고 친환경 자동차 경쟁에서 다시 주도권을 잡기 위해 분투하고 있다.

다양한 사업 모델로
고비용 과제 해결한다

전기자동차나 하이브리드 자동차의 비싼 전지 가격을 해결하기 위한 다양한 사업 모델들도 생겨나고 있다. 미국의 전기자동차 보급·운영업체인 베터플레이스는 자동차 구입시 전지를 함께 구입하지 않고 리스를 하여 주행거리만큼의 사용료를 지불하는 사업 모델을 채용하고 있다. 이는 전지 가격이 비싼 단점을 리스의 개념을 도입하여 해결하려는 의도로 단말기를 무료나 저가로 판매하고 통화료로 수익을 내면서 급속한 보급을 이룬 휴대전화 사업 모델의 자동차 버전이라

할 수 있다. 베터플레이스는 2008년 모건스탠리 등 거대 투자자로부터 2억 달러의 투자를 유치했으며, 르노-닛산과 같은 글로벌 자동차 업체나 체리와 같은 중국 업체와 제휴 관계를 활발히 확장하는 중이다. 그 외에 전력 수요가 낮은 야간에 자동차를 충전해 낮에 그 일부를 전력회사에 보내는 V2G Vehicle-to-Grid라는 사업 모델도 가능할 것으로 보인다.

연료전지 자동차는 수소와 산소의 촉매반응을 이용하여 전기를 발생시켜 모터를 구동한다. 이는 산업혁명 이후 200년 넘게 지속된 내연기관에서 벗어나 촉매반응을 통해 에너지를 얻는다는 점에서 커다란 패러다임의 변화로 주목받고 있다. 하지만 여러 장점에도 불구하고 상용화까지는 아직 많은 걸림돌이 있는데, 그중 하나가 수소기반시설을 구축하는 데 드는 막대한 비용이다. 현재 화석연료를 대체할 수준으로 기반시설을 마련하려면 전 세계적으로 매년 80조 원 정도의 투자가 필요할 것으로 예상된다. 또한 비싼 촉매 가격과 짧은 수명도 여전히 문제점으로 남아 있다.[12]

이런 문제들 때문에 연료전지 자동차의 상용화 시점은 점점 늦어지는 경향이 있지만 전문가들은 2015년경이면 5만 달러대의 연료전지 자동차가 상용화될 것으로 예상하고 있다.[13]

200년 넘게 구축된 사회기반시설과 소비자의 습관을 하루아침에 바꾸기란 쉬운 일이 아니다. 그러나 지속적으로 보급되고 있는 혁신 기술에 힘입어 우리 삶에 급속히 파고들고 있는 친환경 자동차는 거스를 수 없는 대세가 될 것이다.

3전 4기의 도전, **전기자동차**

– 복득규

네 번째 도전에 나서는
전기자동차

최근 자동차업계를 달구는 화두 가운데 하나는 전기자동차다. 지구 온난화에 대한 우려가 커지면서 세계 각국이 환경규제를 강화하고 녹색성장정책을 추진하는 과정에서 새롭게 주목받고 있는 것이다. 전기를 주요 동력원으로 하는 전기자동차는 운행 중 유해한 배기가스를 전혀 배출하지 않아 친환경 자동차로 주목받고 있다. 녹색성장 산업으로 전기자동차가 부상하면서 이를 구성하는 핵심 부품인 2차 전지_{충전하여 재사용할 수 있는 전지}, 모터, 충전시설 등에서도 새로운 사업기회가 열리고 있다.

이에 따라 세계 각지에서 열리는 모터쇼에는 언제나 전기자동차 부스가 따로 마련될 정도로 높은 관심을 얻고 있다. 미쓰비시, 닛산, 테슬러 등 일부 업체들은 이미 전기자동차를 시판하고 있고, 국내에서도 2010년 4월 중순부터 전기자동차의 판매가 허용되었다. 몇몇 전문기관은 전기자동차가 2020년 세계 자동차 판매의 약 10%를 차지할 것이라 전망했다.

사실 전기자동차의 역사는 자동차의 역사와 같다고 해도 과언이 아니다. 자동차가 태동하기 시작한 1900년대 초반만 하더라도 미국 자동차 시장의 38%는 전기자동차였다. 당시에는 증기 자동차가 40%로 가장 많이 이용되었고, 이어 전기자동차의 점유율은 38%, 가솔린 자동차는 22%로 가장 낮은 점유율을 차지했다.[14] 하지만 이후 가솔린 자동차가 석유를 기반으로 장거리 운행이 가능한 엔진을 개발하고 주유소 등의 인프라를 갖추어 대표 이동수단으로 자리 잡으면서, 전기자동차는 결국 운행거리와 전지 관리의 어려움을 극복하지 못한 채 역사 속으로 사라졌다.

전기자동차가 다시 세상의 관심을 받은 것은 1970년대다. 자동차 배기가스로 인한 환경오염이 심각해졌기 때문이다. 가솔린 자동차의 증가와 더불어 배기가스로 인한 대기오염이 심각해지자 미국은 자동차의 배기가스를 규제하는 머스키법1970년 머스키 상원의원의 제안으로 성립된 미국의 대기오염방지법을 제정했다. 머스키법 제정 이후 정부가 직접 나서서 전기자동차 개발을 추진하였지만, 머스키법의 환경 규제를 충족시키는 배기가스 정화기술이 개발되면서 전기자동차의 2차 붐은 다시 사그라들었다.

전기자동차의 3차 도전은 1990년대에 시작되었다. 환경 규제가 엄격한 캘리포니아 주에서 배기가스가 전혀 없는 자동차, 이른바 무공해자동차의 판매를 의무화하면서부터였다. 이번에는 GM 등 민간 자동차 기업이 전기자동차 개발을 주도했다. 하지만 비싼 가격과 짧은 운행거리, 전지수명 등의 문제가 해결되지 못하면서 다시 실패로 끝났다. 대표적인 예로 GM이 1996년에 출시한 전기자동차 'EV1'의 경우, 차체를 제외한 배터리 박스 가격만 3만 5,000달러에 달하고 장거리 주행이 힘들다는 문제를 노출하면서 출시 3년 만에 단종되었다.

2009년부터 시작된 전기자동차 개발 붐은 4차 도전에 해당된다. 지

■ 전기자동차 개발의 역사

시기	개발 내용
1차 : 1900년대	증기, 가솔린, 전기자동차 간 경쟁 → 1900년경 미국 자동차의 40%가 증기, 38%가 전기, 22%가 가솔린을 이용 → 이후 장거리 운행에서 가솔린이 우위
2차 : 1970년대	미국에서 대기오염 방지 목적의 머스키법 제정(1970년) → 정부 주도로 배기가스가 없는 전기자동차 개발 추진 → 배기가스 정화기술의 개발로 2차 붐 종료
3차 : 1990년대	캘리포니아 주에서 배기가스가 없는 차의 판매를 의무화 → GM 등 민간기업 주도로 3차 전기자동차 개발 붐 → 높은 가격과 짧은 운행거리 및 전지수명 문제 등으로 열세
4차 : 2010년대	온난화 가스 배출 삭감을 규정한 교토의정서 채택(1997년) 세계 각국의 환경 규제 강화와 유가 급등 및 전지의 기술혁신 → 4차 전기자동차 붐이 진행 중

자료 : 日本 經濟産業省(2007). "次世代自動車 · 燃料 Initiative."
쿠르트 뫼저(2007). 《자동차의 역사》(김태희 · 추금환 역). 뿌리와이파리.

구온난화에 대한 우려가 증가하는 가운데 글로벌 금융위기를 극복하는 돌파구의 하나로 전기자동차에 대한 관심이 다시 높아진 것이다. 지난 세 번의 도전에 비해 이번 4차 도전은 성공 가능성이 높아 보인다. 2차 전지의 기술혁신이 이루어졌기 때문이다. 특히 그동안 주로 핸드폰이나 노트북 등 정보통신기기에 쓰였던 리튬이온 전지가 저장 에너지 밀도를 높여 자동차에 탑재되면서 전기자동차는 새로운 시대를 맞이하게 되었다.

높은 가격, 짧은 주행거리 등 수익성이 과제

현재는 많은 자동차 업체가 진출하여 본격적인 전기자동차 사업을 전개하고 있다. 닛산, 미쓰비시, 스바루 등 일본 업체뿐만 아니라 미국의 GM, 유럽의 BMW, 아우디, 한국의 현대자동차 등이 전기자동차를 출시했거나 출시할 계획이다. 신생 업체들도 전기자동차 사업에 진입하고 있는데, 미국 실리콘밸리의 벤처기업인 테슬러, 노르웨이의 싱크, 한국의 시티앤티, 중국의 전지업체인 비야디 등이 대표적인 회사다. 그중에서도 테슬러는 2008년에 세계 최초로 미국 고속도로에서 주행이 가능한 2인승 전기자동차 '로드스터'를 생산한 벤처기업이다. 3.9초 만에 시속 100킬로미터에 도달하고 1회 충전으로 390킬로미터의 주행이 가능한 기술력을 가지고 있어, 전기자동차를 통해 자동차 산업을 다시 부활시키려는 미국 정부의 전폭적인 지원을 받고 있다.

후발국인 중국의 도전도 거세다. 워렌 버핏이 3,000만 달러를 투자하여 유명세를 탔던 중국의 자동차 업체 비야디는 2008년 말 전기자동차 'F3DM'을 출시했다. 전기 모드에서 100킬로미터의 주행이 가능한 'F3DM'은 가격이 15만 위안약 2,500만 원으로 가격 경쟁력이 높다. 중국은 전기자동차의 개발과 양산을 통해 차세대 자동차 산업의 주도권을 잡겠다는 전략을 추진하고 있다.

하지만 전기자동차 개발에는 아직 몇 가지 과제가 남아 있다.

먼저 가격이 비싸다는 점이다. 현재 시판되고 있는 전기자동차의 가격은 동급 가솔린 자동차에 비해 적게는 2배, 많게는 5배까지 비싼 것이 현실이다. 소비자에게 다가가려면 가격 경쟁력이 중요한데, 전기자동차 가격의 절반을 차지하고 있는 전지의 높은 가격 문제를 해결하려면 전지를 리스로 제공한다든지, 대량생산을 통해 전지 가격을 낮추는 등의 해결 방안이 필요해 보인다. 아울러 정부의 보조금 지원과 세금혜택도 필요하다.

2010년 말 본격 생산을 앞두고 사전계약을 실시한 닛산의 전기자동차 '리프'는 각국 정부의 친환경 자동차 지원정책을 등에 업고 인기몰이를 했다. 미국 시장에서는 2010년 4월 사전 계약이 시작된 지 3일 만에 총 6,635대가 계약되었으며, 역시 4월 초부터 주문을 받은 일본에서는 3,754대가 계약된 것으로 집계됐다. 이러한 현상은 각국 정부가 전기자동차에 지원하는 세금혜택 등을 통해 초기 구입가격을 예상보다 훨씬 낮추었기 때문이다. 리프의 미국 내 판매가격은 3만 2,780달러약 3,620만 원인데, 전기자동차에 대한 세금혜택 7,500달러를 적용하면 2만 5,280달러약 2790만 원로 낮아진다. 일본에서의 판매가격은 376만 엔약 4,490만 원인데, 이 역시 보조금을 적용하면 299만 엔약 3,570만 원으로 가격이 낮아진다.[15]

두 번째는 주행거리가 짧다는 점이다. 2차 전지의 기술이 혁신되었지만 현재 판매되고 있는 전기자동차가 1회 충전으로 갈 수 있는 최대 거리는 100~160킬로미터 정도다. 가솔린 자동차의 최대 주행거리인 500~900킬로미터에 비하면 5분의 1에 불과하다. 이에 대해 전기자동차 업체들은 보통 운전자의 1일 평균 주행거리가 80킬로미터 미만이기 때문에 일상생활에서 전기차를 이용하는 데는 문제가 없다고 주장한다. 하지만 하이브리드에 주력하는 혼다자동차는 "500킬로미터 이상을 가지 못하는 자동차는 혼다 차가 아니다"라며 전기자동차의 상품성에 의문을 제기했다.

세 번째는 충전 인프라의 문제다. 전기자동차의 보급을 확대하기 위해서는 전기 충전소가 먼저 확충되어야 하는데, 충전기의 가격이 비싸고 충전소 운영이 쉽지 않다는 점이 문제다. 예를 들어 현재 일본에서 개발된 급속 충전기의 가격은 대당 1억 원에 달하고, 완전 충전까지는 30분이나 소요된다. 여기에 전기 가격이 가솔린에 비해 저렴하기 때문에 전기 충전소 운영의 수익성에 의문이 제기되고 있다.

새로운 패러다임의
승자가 되려면

자동차가 처음 나온 19세기 초반 도로 위에는 자동차와 말이 함께 다니고 있었다. 수십 년 동안 도로 위에 공존했던 두 개의 이동 수단은 현재, 하나는 사라지고 하나만 살아남았다. 당시 운송업을 하던 사람들은 두 부류였다. 어떻게 하면 더 질긴 타이어와 보다 강력한 엔진을 만들 수 있을까를 고민하던 사람과, 어떻게 하면 오래가는 말발굽을 만들까를 고민하던 사람들이다. 같은 시간 서로 다른 고민을 했던 이들 중 살아남은 쪽은 자동차를 택한 사람들이다. 곧 사라질 패러다임과 앞으로 도래할 패러다임에 대한 시각 차이가 낳은 결과다. 전기자동차가 가격과 운행거리 및 충전 인프라의 문제를 해결한다면 새로운 시장이 열릴 가능성은 충분하다. 따라서 전기자동차의 가능성에 대한 면밀한 관찰과 준비가 필요하다.

다음으로 전기자동차의 부상이 가져올 자동차 산업의 구조 변화에 주목할 필요가 있다. 전기자동차는 복잡한 내연기관과 변속기 대신 전지와 모터로 구동되기 때문에 제품 구조가 간단하고 모듈화하기 쉽다. 모듈화가 이루어지면 현재의 핸드폰처럼 디자인과 새로운 부가기능이 중요한 수익원이 될 것이다. 현재 컴퓨터 산업에서 가장 높은 수익을 내는 업체가 부가서비스를 제공하는 구글과 마이크로소프트인 것처럼 전기자동차 사업에서는 전지 업체, 전지 리스 업체, 전지 교환 및 충전 서비스 업체, 차량관리 시스템과 같은 부가서비스 제공 업체가 더 높은 수익을 올릴 수 있다.

마지막으로 전기자동차 자체의 개발과 보급뿐만 아니라 스마트 그리드* 등 전기를 송수신하는 차세대망과의 연계도 중요하다. 전기자동차를 아무리 잘 만들어도 스마트 그리드와 연계되지 않으면 판매할 수 없는 상황이 발생할 수 있다. 스마트 그리드와 연계되는 충전시설의 표준화에 자동차 업체들이 참여하고 각국 정부가 적극적인 지원을 아끼지 않는 이유도 이 때문이다.[16] 미국이 구상하는 '그린 뉴딜' 구상에서는 전기자동차를 스마트 그리드를 구성하는 저장단말의 하나로 보고 스마트 그리드의 개발과 연계하여 전기자동차를 개발하고 있다. 국내에서도 전기자동차뿐만 아니라 스마트 그리드를 포함하는 전반적인 에너지정책 차원에서 관련기술을 개발하고 표준화하는 전략이 시급하게 요구된다.

* Smart Grid. 차세대 전력망 시스템으로, 기존의 전력 생산, 운반, 소비의 과정에 정보통신 기술을 접목하여 시스템의 효율성을 높인 것이다. 일반 가정에서 사용하는 TV, 냉장고와 같은 전자제품뿐 아니라 공장에서 돌아가는 산업용 장비들까지 전기가 흐르는 모든 것을 묶어 효율적으로 관리하는 신개념 시스템이다. 집, 사무실, 공장 어느 곳에서나 사용한 전기요금을 실시간으로 확인할 수 있고, 전기요금이 비싼 낮 시간대를 피해 세탁기를 밤에 돌리는 등 가전제품을 선별해 사용하는 것이 가능하다.

자동차 산업의 생존 키워드, '신-환-저-량'

복득규

2010년 1월 11일에 열린 '2010년 디트로이트 모터쇼'의 최고 화두는 소형차와 친환경 자동차였다. 과거 고급 대형차에 치중하다 곤경을 치른 GM, 포드, 크라이슬러 등 미국의 빅 3가 모두 주력 차종으로 소형차를 내놓았고, 디트로이트 모터쇼에서도 개최 22년 만에 처음으로 전기자동차 부스가 따로 만들어지는 등 친환경 자동차에 대한 관심도 높았다.

소형차와 친환경 자동차라는 두 가지 화두 외에도 최근 자동차 산업의 주목할 만한 흐름은 바로 '신新-환環-저低-량量'이 생존 키워드로 부상했다는 점이다. '신-환-저-량'이란 신흥국 시장이 부상하고 있으며, 친환경적이며 가격이 낮은 자동차가 대세이고, 생산에 있어서도 규모가 중요하다는 뜻이다. 즉 중국, 인도 등과 같은 신흥국이 자동차의 주력 시장으로 떠오르고 친환경 자동차가 주력 차종으로 부상하는 데다 가격까지 낮아지는 자동차 시장의 변화를 감당하려면 기업 규모가 일정 수준 이상은 되어야 생존이 가능하다는 의미이다.

'신-환-저-량'이 생존조건으로 나타나고 있다는 사실은 현재 자동차 산업에서 활발히 진행 중인 전략적 제휴에서도 확연하게 드러난다. 즉, '신-환-저-량'

키워드	내용
新(신흥국 부상)	중국, 인도 등 수요가 빠르게 증가하고 있는 신흥국 자동차 시장에서 시장 확보가 필요
環(친환경 기술)	기후 변화에 따른 환경 규제 강화 및 화석연료 고갈과 고유가 대응
低(낮은 가격)	금융위기 이후 합리적 소비성향 증가 및 신흥국 시장 공략에 저가 자동차가 필요
量(규모의 경제)	글로벌 시장 공략 및 환경, 안전 등의 기술개발을 위해서는 일정 규모 이상의 기업 규모가 필요

의 조건을 충족하기 위해 세계 자동차 업체들이 적극적인 제휴에 나서고 있는 것이다.

생존을 위한 자동차 업체의 전략적 제휴

제일 먼저 눈여겨볼 것은 폭스바겐과 스즈키의 제휴다. 2009년 12월 9일, 폭스바겐과 스즈키는 상호 출자를 통한 전략적 제휴에 합의했다. 폭스바겐이 22억 달러를 들여 스즈키의 주식 19.9%를 인수하고 스즈키는 11억 달러를 들여 폭스바겐의 주식 2.5%를 매입한다는 내용이었다. 이를 통해 폭스바겐은 스즈키의 저가화 기술을 활용하고 아시아 지역 네트워크를 이용하여 인도, 파키스탄, 인도네시아 등 신흥시장으로의 진출을 확대하겠다는 전략을 세웠다. 스즈키 역시 폭스바겐을 통해 현재의 규모로는 감당하기 어려운 전기자동차와 하이브리드 자동차 등 친환경 기술을 확보하겠다는 계획이다. 폭스바겐과 스즈키는 전략적 제휴를 통해 기업 규모를 확대하여 도요타를 제치고 세계 판매 1위에 올라서겠다는 전략도 동시에 추구하고 있다.

다음은 GM과 상하이자동차의 제휴다. 중국에서 이미 합작사를 운영하고 있는 GM과 상하이자동차는 인도에도 합작사를 설립하기로 합의했다. GM은 현재 인도에서 운영 중인 공장과 설비를 상하이자동차에 제공하고, 상하이자동차는 3억

5,000만 달러의 자본을 출자해 윈윈하겠다는 전략이다. 양 사는 GM의 거대 유통 망과 상하이자동차의 저가 소형차 생산능력을 결합하여 인도 시장에서 10% 이상 의 점유율을 확보하겠다는 목표를 세웠다. 이미 중국에서 성공적으로 운영되고 있는 양사의 제휴능력을 신흥시장인 인도에도 확대 적용하겠다는 것이다. 이를 통해 GM은 부족한 자금을 수혈받고, 상하이자동차는 한층 용이하게 해외시장에 진출할 전망이다.

자동차 산업의 생존조건인 '신-환-저-량'의 부상에서 가장 중요한 점은 네 가지 요소의 균형이다. 한 가지 측면에서 독보적인 경쟁력을 가졌다 해도 나머지 세 가지가 받쳐주지 않으면 위기 이후의 자동차 시장에서 살아남을 수 없다는 얘 기다. 단적인 예가 바로 도요타다. 도요타는 '신-환-저-량' 가운데 거대한 기업 규모와 친환경 기술을 이미 확보한 상태였지만, 신흥국 시장으로의 진출 시기를 놓치고, 저가 제품 출시를 등한시하는 바람에 글로벌 금융위기 때 창사 이래 최초 로 적자를 기록하는 고배를 마셔야 했다.

'신-환-저-량'이라는 키워드가 비단 자동차 산업에만 국한되는 것은 아니다. 위기 이후 정보통신, 전기전자, 건설 등 대부분의 산업에서도 '신-환-저-량'이 생존 키워드로 중시되고 있다. 네 요소를 완벽하게 갖춘 기업은 아마 없을 것이다. 따라서 부족한 부분은 제휴와 M&A를 통해 보완하는 것 또한 새로운 산업동향이 다. 이 새로운 흐름을 눈여겨보고 각 기업의 역량과 균형 여부를 냉철히 판단한 후, 필요한 대응전략을 세우는 자세가 필요하다.

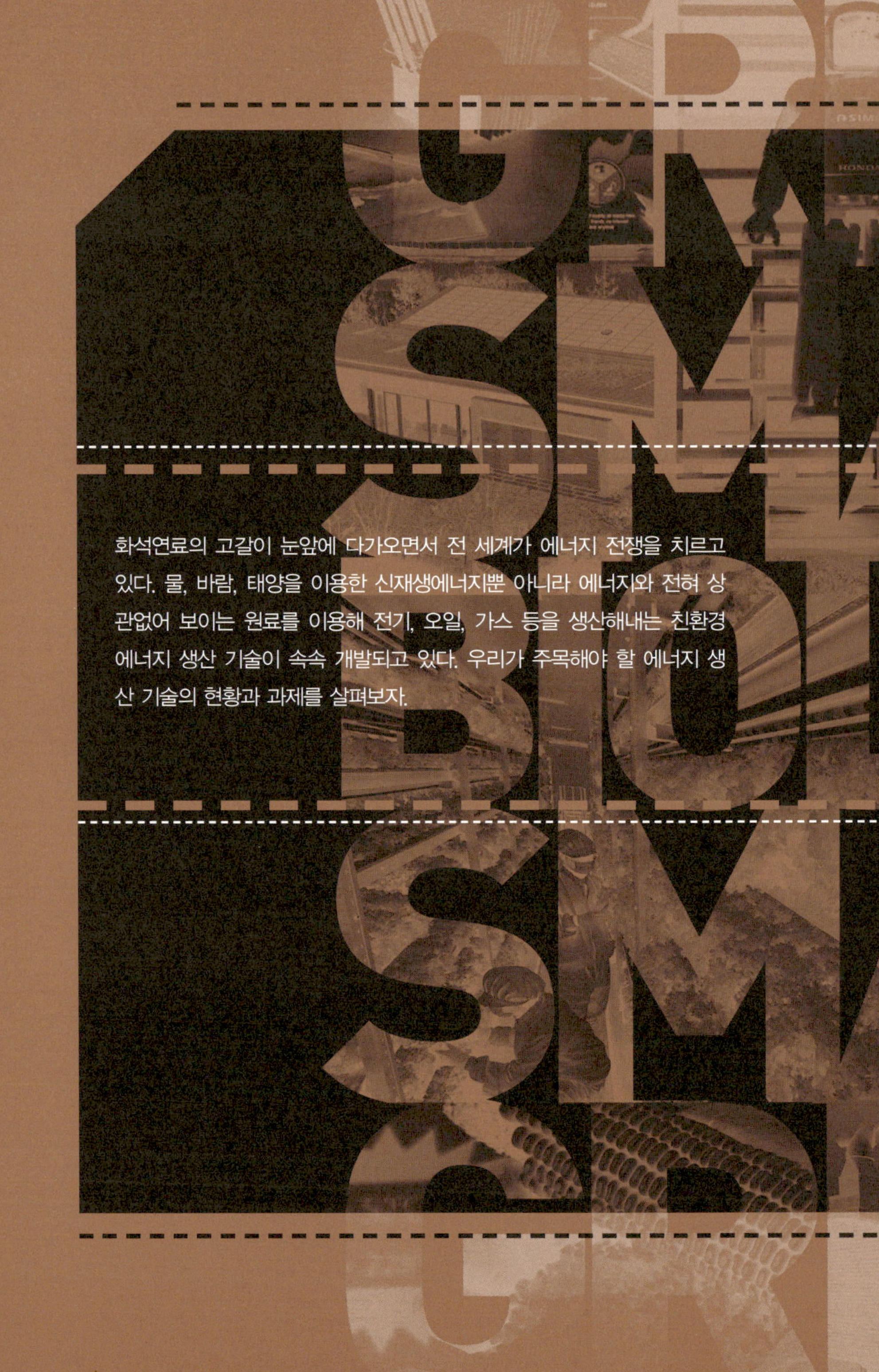

화석연료의 고갈이 눈앞에 다가오면서 전 세계가 에너지 전쟁을 치르고 있다. 물, 바람, 태양을 이용한 신재생에너지뿐 아니라 에너지와 전혀 상관없어 보이는 원료를 이용해 전기, 오일, 가스 등을 생산해내는 친환경 에너지 생산 기술이 속속 개발되고 있다. 우리가 주목해야 할 에너지 생산 기술의 현황과 과제를 살펴보자.

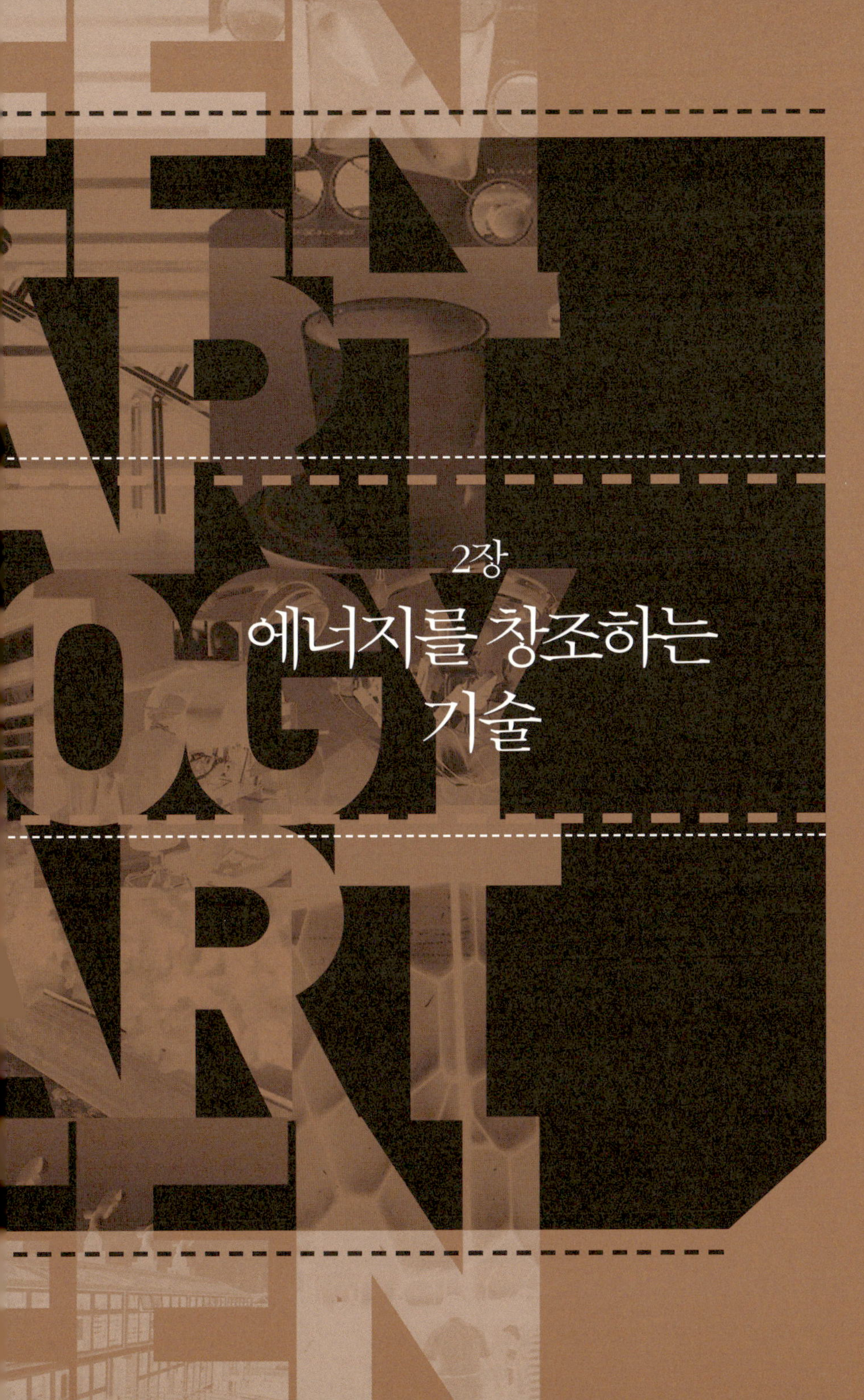

2장

에너지를 창조하는 기술

바이오연료의 **산유국을 꿈꾼다**

– 최진영

곡물계 바이오연료의
명과 암

다음과 같은 상황을 상상해보자. 2015년 지구온난화로 40도의 무더위가 기승을 부리는 서울의 여름, 텔레비전에서는 바이오에탄올을 연료로 사용하는 새로운 자동차가 연일 광고에 등장한다. 자동차를 바꾸기 위해 매장을 방문한 김 대리는 광고 속의 자동차를 발견하고 갈등에 빠진다. 가격은 일반 자동차보다 5~10% 정도 비싸지만 이산화탄소 포인트를 지급해주고 일반 휘발유보다 저렴한 바이오에탄올을 사용할 수 있기 때문이다. 무엇보다 무더위의 주범인 지구온난화 방지에도 기여할 수 있다니 일석삼조인 셈이다.

바이오연료는 이제 먼 미래의 문제가 아니다. 지식경제부의 자료에 의하면 미국, 브라질, 유럽, 일본에서는 바이오에탄올과 바이오디젤이 이미 상용화되기 시작했고 한국에서도 2006년부터 바이오디젤을 사용하기 시작해 2012년에는 경유에 3%의 바이오디젤을 첨가할 예정이다.[1]

이처럼 화석에너지 부족과 환경문제가 유가 급등과 지구온난화로 현실화되면서 바이오연료의 개발은 전 세계적으로 가속화하고 있으며 이에 대한 투자열기도 뜨겁다.

바이오연료는 곡물, 목재, 농업 부산물, 녹조류 등 재생 가능한 바이오매스에서 생산되는 연료에너지이기 때문에 화석에너지와 달리 지속적으로 사용할 수 있다. 그리고 현재의 자동차 엔진과 주유설비 같은 자동차 인프라를 그대로 활용할 수 있는 유일한 신재생에너지다. 풍력에너지와 태양광에너지를 자동차에 이용하기 위해 별도의 충전장치와 충전소 등 복잡한 기반시설 투자가 필요한 것과는 크게 차이가 있다.

그러나 현재까지는 옥수수, 사탕수수, 콩, 팜 등 곡물을 원료로 제조되었기 때문에 바이오연료의 생산은 곡물 가격 상승을 부채질해왔다. 곡물을 재배하기 위해서는 광활한 토지가 필요한데 브라질, 인도네시아, 말레이시아 등지에서는 밀림을 훼손해서 토지를 확보하는 경우가 많아지고 있어 바이오연료가 지구온난화를 가속시킨다는 비판도 제기되고 있다.

그렇다면 세계 각국의 바이오연료 개발 상황은 어떨까?

옥수수, 사탕수수, 콩, 유채 등을 사용하는 곡물계 바이오연료는 미국, 브라질, 유럽의 전유물로 여겨졌으나 최근에는 팜유, 카사바와 같은 원료를 기반으로 동남아시아가 바이오연료 생산에 가세하고 있다. 말레이시아, 인도네시아, 인도, 중국은 바이오매스 재배뿐만 아니라 바이오연료까지 수직 일관체계를 갖추고 바이오연료를 차세대 국가 산업으로 육성하는 중이다.

갈대와 사막 식물 등
다양한 바이오연료의 재료들

사막이 대부분인 중동에서도 바이오연료 생산에 관심이 크다. 중동의 산유국 아랍에미리트는 살리코니아Salicornia를 이용한 바이오디젤 생산에 박차를 가하고 있다.

살리코니아는 바닷가 모래사장이나 사막 같은 건조한 지역에서도 성장이 가능하고 무엇보다 염기에 강해 바닷물로 재배가 가능한 특수 식물이다. 살리코니아의 씨앗에는 올리브 열매처럼 유분油粉이 풍부해 바이오디젤의 원료를 추출할 수 있다. 아랍에미리트의 마스다르 연구소는 여의도 공원의 절반 면적에 해당하는 사막에 살리코니아 농장과 어류 양식장을 건설했다. 어류 양식장에서 어류 배설물이 섞인 바닷물을 끌어와 살리코니아를 재배하고 그 씨앗에서 바이오디젤 원료를 추출하는 것이다. 추출 후 남은 살리코니아의 줄기와 뿌리, 씨앗 껍질을 어류 양식에 다시 사용함으로써 중동지역의 환경조건을 최대한 활용하는 친환경 방식을 추구하고 있다.

살리코니아 바이오디젤 연구는 보잉, 하니웰, 아랍항공 등과 같은 세계 유수의 회사가 연구자금을 제공하고 있다. 아직까지는 파일럿 단계시험 단계와 상업화의 중간 단계로 1만 톤 미만의 공장을 의미에 머물러 있고 경작 면적의 확대, 단위면적당 생산량 증대, 파종 및 수확방법의 정립 등 해결해야 할 과제가 많지만, 불모지를 이용해 바이오연료를 생산할 수 있다는 사실에 아프리카, 중동, 몽골, 호주 등이 주목하고 있다.[2]

가격이 저렴하고 곡물 가격에도 영향을 주지 않는 곡물 부산물, 갈대, 나무 등을 사용하는 바이오연료도 개발되고 있다. 바로 셀룰로오스 바이오연료다.

모든 식물은 셀룰로오스, 헤미셀룰로오스, 리그닌으로 구성되어 있는데 셀룰로오스와 헤미셀룰로오스는 수많은 포도당이 모여서 단단하게 변형된 물질이다. 셀룰로오스 에탄올은 셀룰로오스와 헤미셀룰로오스를 원료로 에탄올을 만든다. 먼저, 곡물 부산물, 갈대, 나무 등을 증기로 쪄서 조직을 말랑말랑하게 만든 다음 셀룰로오스와 헤미셀룰로오스를 포도당으로 풀어헤치고, 포도당을 다시 에탄올로 변환시킨다. 셀룰로오스와 헤미셀룰로오스를 풀어헤치는 단계에서는 셀룰라아제라는 효소가 사용된다. 셀룰라아제는 이미 100여 년 전부터 청바지나 종이 제조에 사용되어 왔으나, 에탄올을 제조할 때는 유전자 조작 기술을 이용해 셀룰라아제 성능을 수천 배 강화시켜 사용한다. 이런 유전자 조작 셀룰라아제는 덴마크의 노보자임, 미국의 듀폰, 마스코마, 영국의 BP, 이탈리아 등이 확보하고 있다.

미국과 이탈리아는 셀룰로오스 에탄올 생산에 갈대를 이용하고 있다. 갈대는 기후 적응력이 뛰어나 열대, 온대, 한대, 사막 기후에서도 잘 자라고 병충해 및 농업용수 공급 등의 관리가 필요 없으며 성장이 매우 빠른 것이 특징이다.

미국과 이탈리아는 유전자 조작을 통해 갈대의 장점을 더욱 강화한 작물을 개발하여 2012년부터 바이오에탄올 원료로 사용할 예정이다. 각각 10~15만 톤 규모의 바이오에탄올을 생산할 예정이며 상업화 공장이 성공리에 운영될 경우 셀룰로오스 에탄올 공장은 전 세계로 확산될 예정이다. 뿐만 아니라 셀룰로오스 에탄올은 국가별로 생산되는 각종 농업 부산물을 원료로 활용할 수 있어 이스라엘, 일본, 독일, 말레이시아 등도 상용화 연구를 진행 중이며 2014~15년경 파일럿 공장을 완공할 예정이다.

한국의 차세대 바이오연료, 녹조류의 가능성

녹조류는 해수, 폐수, 오수 등 모든 수질에서 재배할 수 있고 광합성 과정을 거쳐 생산되기 때문에 가장 친환경적인 바이오연료 생산방법으로 주목받고 있다. 특히 바닷가와 가까운 미국, 호주, 독일, 이탈리아가 녹조류 바이오연료 연구에서 두각을 나타내고 있으며 3면이 바다인 우리나라도 최적의 입지조건을 갖추고 있다.

녹조류는 곡물계 바이오에탄올 및 셀룰로오스 바이오에탄올처럼 경작지가 따로 필요하지 않다는 장점이 있다. 불모지, 빌딩, 옥상 등에서 자유롭게 재배할 수 있기 때문에 다른 어떤 바이오매스보다 활용도가 높을 것으로 전망된다.

이미 미국은 화력발전소에서 발생하는 대용량의 이산화탄소를 포집하기 위해 발전소 옆의 부지를 활용하여 녹조류를 재배하는 방안을 연구 중이며, 독일, 이탈리아, 호주 등은 녹조류를 이용해 오수 정화 및 바이오연료 생산을 동시에 진행하는 방안을 연구하고 있다.

뿐만 아니라 녹조류 바이오연료는 석유를 100% 수입하는 한국의 에너지 자립도를 개선하고 산유국이 될 수 있는 기회를 제공할 것이다. 우리나라 유전공학 및 바이오 기술 역량을 활용해 최적화된 녹조류를 개발하고 IT 기술을 접목해 녹조류 배양 기술 자동화 시스템을 구축하면 2015년 이후부터 녹조류 바이오연료의 시험생산이 가능할 전망이다. 인천시는 2009년 12월, 인하대 이철균 교수와 함께 녹조류 바이오연료 프로젝트를 공동 추진하기로 하고 300억 원을 투자하겠다고 발표했다.

2009년 미국 에너지부는 바이오연료 생산을 위한 녹조류 연구에 약 4억 달러를 새롭게 투자하겠다고 밝혔다. 부시정부 이후 꾸준히 추진하고 있는 미국의 에너지 자립도를 높이겠다는 취지인데, 에너지부뿐 아니라 국방부, 농림부 등이 이 연구를 지원하고 있어 우리에게 시사하는 바가 크다. 이러한 미국 정부의 적극적인 지원에 힘입어 2009년 10월 미국 샌디에이고에서 열린 제4회 녹조류 바이오연료 컨퍼런스에는 역대 최대 규모인 1,000명의 인사가 모여 바이오연료에 대한 관심을 입증했다. 정부 관계자들도 녹조류 바이오연료 지원계획을 발표해 정책의 신뢰성을 높였다.

바이오연료는 석유화학과 연계되면서 날로 활용범위가 넓어지고 있다. 미국의 화학회사 다우는 브라질에서 바이오에탄올을 에틸렌으로 전환시키는 공장을 30만 톤 규모로 신설하고 조만간 세계 최초로 바이오에틸렌을 출시하겠다는 전략을 가동 중이다.

바이오연료가 지구온난화에 대한 대비뿐 아니라 선진 화학기업의 미래 성장동력으로 자리 잡고 있다는 사실은 석유화학이 고도로 발달한 우리나라도 반드시 주목해야 할 변화 트렌드 중 하나다.

풍력발전의 **새로운 상상력**

- 조용권

차세대 에너지원,
풍력발전의 뉴 트렌드

미국의 **UNEP**United Nations Environment Program, 유엔 내의 환경 전담 국제정부 간 기구에 따르면 2004년 460억 달러에 불과하던 그린 에너지 분야의 투자가 2009년에는 1,620억 달러로 증가하며 연평균 29%의 높은 성장을 보이고 있는 것으로 나타났다.[3] 전 세계의 그린 에너지 시장도 1,000억 달러 이상의 규모로 형성되었다. 미국의 조사기관인 클린 엣지Clean Edge에 따르면 2009년 태양광 361억 달러, 풍력 635억 달러, 바이오연료 449억 달러로 이들은 이미 수백억 달러의 시장을 형성하고 있는 상황이다.[4]

그린 에너지 가운데서도 가장 많이 보급되고 있는 것이 바로 풍력발전이다. 경제성이 탁월하기 때문이다. 육상 풍력발전의 비용은 1MWh당 54유로로 1MWh당 60유로인 석탄화력에 비해 경제성이 있는 것으로 평가받는다.[5] 2009년 풍력발전에 대한 투자 규모는 그린에너지 전체 투자의 52%를 차지했고, 2009년 설치된 풍력발전 용량도 38GW를 기록한 것으로 나타났다.

또 미국은 2008년 5월, 2030년까지 전체 전력의 20%를 풍력으로 충당하겠다고 공식 발표했다. 이처럼 풍력발전에 대한 관심과 고성장은 당분간 지속될 것으로 보인다.

한계를 뛰어넘는 기술혁신

물론 풍력발전의 문제점도 있다. 과거 풍력발전의 활용도가 높던 네덜란드는 2009년에 신규 설치량이 39MW에 불과한 실정이다.[6] 이는 풍력발전이 공간적 제한을 받기 때문이다. 적합한 부지는 거의 소진되고 있고, 설사 있다 하더라도 소음과 진동 탓에 민원이 발생하여 활용을 하지 못하는 경우도 많다. 실례로 우리나라에서도 제주 난산에 건설하려던 풍력단지가 주민들의 반대로 무산된 적이 있다. 풍력발전은 이런 한계를 해결하기 위해 기술혁신에 집중하고 있으며 이러한 노력은 크게 세 가지 흐름을 가져왔다.

첫째는 빌딩 크기만한 풍력발전기의 등장, 바로 대형화다. 1980년대에는 100kW 이하 풍력발전기의 날개가 그리는 원의 직경은 17미터에 불과했으나, 2000년 이후에는 직경 77미터의 1.5MW가 주류를 이루었고, 2003년에는 직경이 104미터에 3.6MW의 해상 풍력발전기도 시범 설치되었다.[7] 풍력발전 단지를 효율적으로 활용하기 위해서 이러한 풍력발전기의 규모 경쟁은 더욱 가속화될 전망이다.

둘째는 바로 해상 풍력발전의 등장이다. 해상 풍력발전이란 망망대해의 바닷바람을 이용한 풍력발전인데, 구조는 육상 풍력과 비슷하다. 가장 두드러진 차이라면 풍차를 해상에 설치하고 이를 제어 시스템이나 그리드와 연결하기 위해 해저 케이블을 사용한다는 점이다. 그래서 문제가 되는 것이 바로 투자비용이다. 기반공사와 해저 케이블을 이용한 계통공사에 투자비용이 거의 2배가 들어가는 실정이다. 이런 이유로 아직까지 육상 풍력보다는 경제성이 낮은 것으로 평가되고 있다.

하지만 장점도 있다. 바로 풍력발전의 규모가 커진 것이다. 육상 풍력단지의 평균 규모가 15MW인 데 반해, 해상 풍력단지의 평균 규모는 300MW로 20배에 달한다. 또한 육상 풍력의 발전효율이 29% 수준인 데 반해 해상 풍력의 발전효율은 40% 수준이어서 1.4배 정도 높은 것으로 나타났다. 게다가 건물 40~50층 규모의 거대한 풍차를 구동시키려면 육상보다는 풍속이 빠른 해상이 적합한데, 대형화 트렌드와 연계하여 해상 풍력발전이 부각되고 있다. 따라서 초기 비용은 육상 풍력보다 높지만 부지 선정의 자유로움, 민원 해소, 효율성 증가, 대규모 단지 조성, 대형 풍력발전기의 적합성 등으로 해상 풍력이 기

대를 모으는 상황이다.[8]

　해상 풍력발전에 가장 적극적인 곳은 바로 유럽연합이다. 2009년에 582MW가 설치되며 해상 풍력의 대부분을 차지했는데, 영국883MW, 덴마크646MW, 네덜란드247MW, 스웨덴164MW 등이 해상 풍력에 관심이 높고 100MW 이상 보급된 나라들이다.[9]

　한편, 아직 육상 풍력의 개발 여지가 큰 미국과 중국도 최근 들어 해상 풍력에 관심을 보이고 있다. 미국은 해상 풍력의 가능성을 타진하기 위해서 두 곳의 시범단지를 조성할 계획이다. 중국도 2010년 초 국가 주도의 계획을 수립하고 상하이, 광둥, 장쑤성 등지에 해상 풍력 단지를 건설하는 프로젝트를 진행하고 있다.

　이처럼 해상 풍력이 부상하면서 풍력발전기 제조업체들도 발 빠르게 대응하고 있다. 2007년까지만 해도 해상 풍력은 베스타스, GE, 지멘스 등 3개 업체가 주도했다. 하지만 최근에는 리파워, 멀티브리드, 바드 등도 두각을 나타내고 있다. 지멘스, 베스타스, GE 등이 3MW급의 풍력발전기에 주력하는 데 반해, 신규 업체들은 5MW급 제품을 선보이고 있다. 한편, 독일의 리파워가 6MW, 미국의 클리퍼가 7.5MW의 해상 풍력발전기를 개발하며 해상 풍력의 대형화를 주도하고 있다.

　셋째는 바람을 찾아가는 부양浮揚식 풍차의 등장이다. 부양식 풍차는 땅 위에 고정된 형태가 아니라, 필요한 시기의 기상 조건에 따라 공중에 띄워서 발전하는 신개념 풍차다. 물론 대형화하기에는 어려움이 있지만, 바람 조건이 가장 좋은 공중에서 발전을 할 수 있고, 지속적으로 공간을 확보할 필요가 없으며, 기상 상태에 따라 풍차를 거두어 천둥, 번개, 호우 등에 의한 손상을 막을 수 있다는 강력한 장점을 지니고 있다.

관련기술 개발은 주로 벤처기업과 대학을 중심으로 이루어지고 있다. 대표적인 기업이 바로 미국의 스카이윈드파워로 네 개의 회전날개를 가진 200kW급의 헬리콥터형 풍력발전기를 시제작하고 있다. 10킬로미터까지 높여 제트기류를 활용하게 되면 발전 단가를 현재의 4분의 1 수준인 kWh당 2센트 정도로 낮출 수 있다고 한다.

캐나다의 마겐파워는 지상 300미터 상공에 헬륨으로 채워진 몸체 외부에 수평날개를 달아 발전할 수 있는 풍력발전기를 개발하는 중이다. 또 네덜란드의 델프트 대학에서는 20~30개의 연에 소형 풍차를 달아 발전할 수 있는 100kW급 풍차를 개발 중이다.

성장 가능성이 있는 시장의 길목을 노려라

우리나라는 풍력발전의 후발 주자로 사업 경험이나 기술 등에서 선도 기업과 아직은 큰 격차를 보이고 있다. 게다가, 입지적으로도 그리 유리한 상황은 아니다. 하지만 중요한 것은 단순히 후발 주자로서 선도 업체의 뒤만 쫓는 것이 아니라, 풍력발전의 트렌드를 잘 살펴 향후 성장할 시장의 길목을 노리는 전략을 마련하는 것이다.

최근 우리나라에서는 주요 조선 업체가 풍력사업을 추진하고 있는 상황이다. 아직은 사업의 초기 단계지만 시스템 조립이나 해양 구조물 등에 대한 역량을 살린다면 해상 풍력 분야에서 빠르게 경쟁력을 확보할 것으로 보인다. 또한 정부에서도 100MW 해상 풍력 시범단지 조성을 적극적으로 추진하고 있는 상황이어서 개발된 해상 풍력발전기를 테스트하고 사업실적을 쌓을 수 있는 좋은 기회가 될 것으로 보인다.

트렌드에 부합하는 미래 기술 확보에 주력하는 한편, 여기에 기존 역량을 잘 배합한다면 우리 기업이 선도 기업으로 부상하는 것도 불가능하지는 않을 것이다. 국내 조선 산업이 뒤늦게 시작했지만 현재 세계를 선도하고 있는 것처럼 풍력 산업도 세계를 주름잡는 차세대 성장동력 산업으로 부상할 날을 기대해본다.

에너지 잡으러 **바다로 가자**

– 이성호

지구의 에너지 저장고,
바다

2010년 3월, 우리나라에서도 신재생에너지 의무할당제도RPS, Renewable Portfolio Standard가 국회를 통과했다. 신재생에너지 의무할당제도란 대형 발전사업자들한국전력의 6개 자회사, 한국수자원공사, 한국지역난방공사, 포스코파워, GS EPS 등 14개사에게 태양광, 풍력 등 신재생에너지를 일정 비율 이상 생산하도록 의무화하는 제도다. 지금까지는 생산을 권장하는 선에서 그쳤다면, 앞으로는 이를 법으로 의무화하겠다는 취지를 담은 것이다. 정부는 2022년까지 전체 전력 생산량의 10%를 신재생에너지로 생산할 계획이다.

태양광발전이나 풍력발전, 수력발전으로 대표되는 신재생에너지를 생산하기 위해서는 대단위 재생에너지 단지가 필요하다. 사막이 많은 미국이나 중국과 달리 비거주지역의 대부분이 온실가스 절감에 중요한 영향을 미치는 삼림으로 구성된 우리나라로서는 불리한 상황이다. 그렇다면 총 전력량의 10%에 해당하는 거대한 재생에너지를 어떻게 확보할 수 있을까? 바로 우리나라 영토의 3면을 둘러싸고 있는 바다에 답이 있다.

바다는 태양에너지를 담은 거대한 저장고다. 게다가 세계의 주요 대도시가 대부분 해안 근처에 있기 때문에 송전 손실도 최소화할 수 있다. 특히 불규칙한 기상현상에 의해 좌우되는 풍력발전이나 태양광 발전과 달리 해양 에너지는 비교적 일정하게 전기를 생산할 수 있다.

해양 에너지의
종류

대표적인 해양 에너지로는 해상 풍력을 들 수 있다. 이는 해양 에너지 중에서 상용화가 가장 많이 진전된 분야로 이미 서유럽을 중심으로 대규모 개발이 구체화되고 있다. 특히 영국은 2020년까지 30GW 이상의 해상 풍력단지를 개발하겠다는 중장기 마스터플랜에 따라 2010년 1월 해상부지 아홉 곳을 입찰을 통해 배분했다. 가장 큰 도거뱅크Dogger Bank 지역의 경우, 한국이 아랍에미리트에 수출하는 원전 4기 설비용량의 2배 가까운 9GW의 대규모 해상 풍력단지로 개발될 예정이다.

해양 에너지 중 가장 부존량이 많은 것은 파력발전Wave Power이다. 그동안 파력발전은 거대한 잠재력에도 불구하고 파도와 해일 및 해수의 부식성 등 거친 해양 환경을 견뎌야 하는 내구성 문제 때문에 경제성을 확보하기가 어려웠다. 하지만, 해양 석유시추 산업이 성장하면서 내구성을 높이는 기술이 급진전했고, 최근 이를 파력발전에 접목하면서 상용화가 시작되고 있다.

2008년 스코틀랜드의 파력발전 기업인 펠라미스 웨이브 파워가 포르투갈 해안에 2MW급의 소규모 파력발전기를 설치하면서 세계 최초의 상용화가 이루어졌는데 이 발전기는 네 개의 원통을 소시지처럼 연결한 반잠수 구조로서 각 이음새에 가해지는 힘을 전력으로 전환한다. 생산과 설치가 비교적 쉬워서 구축비용도 kW당 5,000달러 내외로 이미 태양광발전 수준의 경제성에 도달했다. 향후 대량생산이 이루어지면 비용이 크게 절감될 것이다.

조차 및 조류를 이용하는 조류발전Tidal Power도 있다. 조차가 큰 하구에 방조제를 쌓고 밀물 때 조수를 가둬놓았다가 썰물 때 해수를 낙하시켜서 에너지를 얻는 이 방식은 건설방식이 수력발전 댐과 같기 때문에 기술적인 어려움은 크지 않지만, 최소 5미터 이상의 조차가 발생해야 경제성이 있다. 세계적으로 적용할 수 있는 지역이 드물며, 특히 생태적으로 중요한 하구 생태계를 바다와 고립시킨다는 점 때문에 선진국에서는 그다지 환영받지 못하는 방식이다.

최근 각광받는 것은, 유속이 빠른 바다 밑에 터빈을 설치해 조류 에너지를 이용하는 발전방식이다. 물은 대기보다 에너지 밀도가 크기 때문에 유속이 3m/s1m/s는 시속 3.6km에 해당한다 이상만 되도 경제성 있는 발전이 가능하다. 또 댐 방식과 달리 조수가 자유롭게 흐르므로 생태계에 미치는 영향도 최소로 줄일 수 있다. 문제는 유속이 3m/s인 지역이 별로 없다는 것인데 최근에는 느린 유속에서도 경제성 있는 발전이 가능한 기술들이 대두됨에 따라 조류발전의 확대 가능성도 높아졌다. 미시건 대학의 마이클 버니타스Michael Bernitas 교수가 개발한 '비바체' 라는 발전기가 대표적이다. 와류진동渦流震動, Vortex-Induced Vibration에너지를 이용하는 비바체는 1m/s 내외의 느린 유속에서도 경제적인 전력 생산이 가능해서, 조류는 물론 하천 하류 등에도 확대 적용할 수 있다.

해양 에너지 강국
우리도 가능하다

우리나라는 이미 세계 최대의 조선 강국이자 해상 플랜트 부문에서도 뛰어난 경쟁력을 가지고 있다. 해양 에너지 분야에서 얼마든지 선두 주자로 나설 수 있다는 이야기다. 국내의 조선 업체들도 풍력사업에 많이 진출한 상태다. 이미 성숙 단계에 진입한 육상 풍력뿐 아니라 이제 막 상용화가 시작되고 있는 해상 풍력 · 파력 · 조류발전 등의 기술을 확보하기 위해서도 노력한다면, 해양 에너지를 다각화할 수 있을 것이다.

또 다양한 신재생에너지를 동시에 구축한 해양 복합발전단지 건설
도 고려해볼 필요가 있다. 영국에서는 거대한 해양 구조물 위에 풍력,
파력, 조류, 온도차 발전 및 담수화시설 등을 복합화한 에너지 아일랜
드Energy Island 개념이 제안되고 있다. 이 경우, 발전기들을 개별 설치하
는 것보다 기반 구축비용을 절감할 수 있을 뿐만 아니라, 다양한 발전
시설들이 서로 보완적으로 전력을 생산하기 때문에 총 발전량도 고르
게 유지할 수 있다고 한다. 이처럼 해양 에너지를 다각적으로 개발하
기 위해서는 정부 차원에서 중장기 마스터플랜을 세우고 단계별로 꾸
준히 실행에 옮기는 지원이 필요하다.

지금은 **원자력 르네상스 시대**

– 홍선영

경제성과 친환경 요구 충족하는 원자력 에너지

2010년 2월, TMIThree Mile Island 사고* 이후 신규 원전 건설을 중단했던 미국이 30년 만에 원전 건설을 재개하고 정부가 83억 달러 규모의 대출보증 지원에 나서겠다고 선언했다. 이날의 발표는 원자력을 새로운 대체 에너지원으로 키우며 미래 주력 수출상품으로 육성하겠다는 미국의 강한 의지를 표명한 것이다.

또한 국제원자력기구IAEA는 2030년까지 세계 각국이 원전 300기를

---

* 1979년 3월 28일 새벽 4시, 미국 펜실베이니아 주 스리마일 섬에서 발생한 방사능 누출 사고로 원자력발전 사상 최악의 사고 중 하나로 꼽힌다. 이듬해 스웨덴 등 유럽 국가들은 국민투표를 통해 신규 원전 건설을 중단 또는 폐기를 결정했으며, 국제원자력기구에 따르면 1963년 이후 매년 증가하던 원전 건설은 이 사고를 정점으로 1998년까지 감소세가 지속되었다고 한다.

신규 건설할 것이라고 전망했다.[10] 우리나라도 2009년 말 아랍에미리트 원전 수주로 세계를 놀라게 했으며 앞으로 원전 수출산업화 전략으로 우리나라 50년의 새로운 미래성장동력으로 육성할 계획을 세우고 있다.

이처럼 각국이 원전 건설에 힘을 쏟는 이유는 무엇일까?

우선 원자력이 다른 에너지 자원에 비해 경제적이기 때문이다. 건설비는 다소 비싸지만 원자력발전의 연료가 되는 우라늄은 석유나 천연가스보다 훨씬 저렴하다. 원자력발전의 연료가 되는 우라늄 1그램은 석탄 3톤, 석유 9드럼이 내는 에너지와 같다. 100만kW급 발전소를 1년 동안 운전하려면 석유 150만 톤이 필요하지만 우라늄은 20톤만 있어도 충분하다.[11]

원자력은 원료 공급도 안정적이다. 우라늄은 전 세계에 고루 매장되어 있을 뿐만 아니라 가채연수도 220년으로 석유40.5년나 천연가스63.3년보다 훨씬 길기 때문이다.[12]

탄소배출량이 적은 친환경 에너지라는 것도 큰 장점이다. 유럽전기사업연합회Urelectric는 각국의 에너지 정책에 따라 원전 건설 허용을 확대할 경우 탄소배출이 더 큰 폭으로 감축된다는 연구결과를 내놓았다. 경제협력개발기구 산하의 원자력에너지기구NEA 역시, 석탄 대신 원자력을 사용하면 연간 40억~120억 톤의 이산화탄소 배출을 줄일 수 있다고 전망했다.

이처럼 원자력 르네상스 시대가 전망되고 있는 가운데, 업계도 선진국 및 개발도상국의 전력 시장 진출을 목표로 연료 교체주기 연장,

원자로 소형화 등의 혁신적인 기술개발을 활발히 추진하면서 차세대 원전 개발에 박차를 가하고 있다.

더욱 작게, 좀 더 안전하게
진화하는 원자로

도시바는 기존 원자로 발전용량의 1% 정도인 10MW급 초소형 원자로 '4S'를 개발 중이다. '4S'는 Super, Safe, Small, Simple을 의미한다. 이 원자로는 가동 중 문제가 발생할 경우 안전성을 확보하기 위해 자동정지 기능을 탑재하고 있으며, 감시 및 유지 보수 필요성이 최소화되도록 설계되었다. 냉각재로 물 대신 고온 액체 나트륨을 사용해 발전효율을 높이고 원자로 크기도 소형화한 것이 특징이다. 기존 원자로는 보통 18개월마다 연료를 다시 넣어야 하지만, 이 원자로는 20%의 고농축 우라늄을 원료로 사용하여 30년간 연료를 교체하지 않고도 발전이 가능하다. 작은 섬이나 오지 마을에서 이 원자로를 사용할 경우 필요한 전력을 자체적으로 생산할 수도 있다.

실제로 도시바는 가장 가까운 발전소에서 수백 마일이나 떨어져 있는 알래스카 갈레나 시의 주민 700여 명에게 2012년까지 신형 4S 원자로를 무료로 설치해주겠다고 제안하였다. 화력발전소나 원자력발전소는 너무 크고 풍력발전이나 태양열발전은 전력 생산량이 적기 때문에 이런 지역에서는 초소형 원자로가 적격이기 때문이다. 도시바는 이 4S 원자로를 우선 미국에 진출시키고 이어 동남아시아, 동유럽 및 아프리카의 수요에 대응할 방침이다.

미국의 벤처기업 하이페리온 파워 역시 2013년 양산을 목표로 욕조 크기의 블록형 소형 원자로를 개발하고 있다. 도시바와 마찬가지로 고농축 나트륨을 핵원료로 사용하여 원자로를 소형화한 이 원자로는 전지처럼 연결할 수 있는 모듈식이기 때문에 전력 수요가 늘어나면 원자로를 하나 더 연결해서 해결할 수 있다. 발전소 용량에 따라 25MW 단위로 제작된 블록형 원자로를 간단하게 조립할 수 있기 때문에 공기 단축도 가능하다.

하이페리온 파워는 현재 직경 1미터의 가정용 소형 핵발전기도 개발하는 중이다. 소형 핵발전기는 핵무기를 만들 수 있는 물질을 포함하지 않아 위험이 적고 공장에서 봉인되어 판매될 뿐만 아니라, 콘크리트 용기 안이나 지하에 매장된 채로 설치하기 때문에 도난의 위험이 거의 없다. 하이페리온 파워의 존 딜John Deal 대표는 세계 어디에서든 1와트에 10센트로 전력을 생산하는 것이 목표라고 밝혔으며, 이 제품은 5년 안에 가정에 보급될 것이라 예측했다.

마이크로소프트의 창업자 빌 게이츠는 국제 규모의 지식 컨퍼런스인 테드TED, Technology Entertainment and Design에서 지구를 구할 대안으로 원자력을 제안했다. 그리고 그 역시 원자력 벤처기업인 테라파워에 투자하고 있음을 밝혔다. 테라파워는 100년 이상 사용해도 연료 공급이 필요 없는 차세대 원전으로 열화우라늄을 연료로 쓰는 이동파 원자로TWR, Traveling Wave Reactor를 도시바와 공동으로 개발하는 회사다.

이동파 원자로는 천연 우라늄과 함께 우라늄 농축 후 남은 부산물인 열화우라늄을 모두 사용할 수 있어 현재 경수로보다 핵폐기물이 적은 것이 강점이다. 전력 생산 면에서도 10만~100만kW의 전력을 충분히 발생시키며, 원자로 내에서 서서히 연소하여 핵분열 반응속도를 조절하기 때문에 제어봉이 필요 없다. 때문에 기존의 원전보다 안전성 면에서도 우수하다. 이 원자로는 장기간 핵반응을 견딜 수 있는 내구성 있는 원자로 재료를 개발하는 것이 관건이며, 2020년 이후에 상용화될 전망이다.

우리 힘으로 개발한
중소형 원자로, '스마트'

한국원자력연구원은 1997년부터 독자적으로 중소형의 시스템 일체형 원자로인 스마트SMART 개발을 추진해왔다. 스마트 원자로는 기존 원자로의 증기발생기, 가압기, 펌프를 원자로 안에 넣어 크기를 대폭 줄였기 때문에 기존 원자력발전소 용지의 30% 면적만 있어도 건설할 수 있으며 건설비 또한 20%밖에 들지 않는다.

생산하는 전력은 기존 원자로의 10~30% 수준인 330만MW이므로 인구 10만 명이 사는 도시에 공급하기에 충분하다. 또한 스마트는 원자로 1기로 하루에 9만kW 전기를 생산하면서 4만 톤의 바닷물을 담수로 바꿀 수 있기 때문에 전기와 물이 부족한 나라에서 수요가 클 것으로 기대되고 있다. 한국원자력연구원은 원자로의 상용화를 위해 2010년 6월, 13개 기업이 참여하는 'SMART 사업 출자 협약식'을 갖기도 했다. 이 컨소시엄은 1,000억 규모의 투자를 통해 스마트 기술 검증 및 표준설계 인가 획득사업을 추진하며, 2050년까지 700여기 3,500억 달러의 규모에 달할 중소형 원전 시장을 공략할 계획이다.[13]

이와 같이 기존의 원자로를 대폭 개선한 혁신기술을 통해 새로운 원자로가 본격적으로 개발되고 있다. 물론 한때는 핵폐기물 처리, 핵무기 발전 가능성 등의 위험요소로 인해 부정적으로 인식되는 경우가 많았다. 현재는 이에 대한 대응을 철저히 하고 있고, 늘어나는 에너지 수요를 감당하기 위해 미국, 유럽 등 각국은 원전 규제에서 확대로 정책 방향을 전환하고 있다. 우리나라는 아랍에미리트 원전 수주에 성공했지만 미국 유럽 등으로부터 견제를 받고 있다. 이에 대비하기 위해서는 내구성이 높은 신소재, 발전장비 등 향후 성장성이 높은 차세대 원자로용 기술을 적극적으로 확보해야 할 것이다.

21세기의 신新연금술, **석유 제조법**

– 김현한

경제성과 환경의 두 마리 토끼 노리는
석유 생산 기술

2009년 국제에너지기구IEA가 세계 유전의 약 75%인 800여 개의 유전 현황을 조사한 결과, 원유 생산 감소속도가 2년 전보다 2배 이상 빨라진 연 6.7%에 이른 것으로 나타났다. 이처럼 석유 고갈이 가시화됨에 따라 석유를 찾으려는 노력에 이어 석유를 만들려는 노력이 한창 진행되고 있다. 그렇다면 새롭게 주목받고 있는 석유 제조기술에는 어떤 것이 있을까?

첫 번째로 석탄을 이용해 석유를 만드는 석탄액화기술CTL, Coal to Liquid 이 있다. 석탄은 싸고 공급이 안정적일 뿐만 아니라, 청정 에너지로서 도가치를 인정받고 있다. 전 세계 석탄 매장량은 약 1조 톤으로 향후

약 200년간 사용 가능할 것으로 전망되고 있다. 또한 석탄액화기술로 생산된 디젤을 사용하면 공해물질인 일산화탄소, 산화질소 등도 최대 85%까지 줄어들어 환경 친화적이라 할 수 있다.[14]

미국과 일본은 2006년에만 10억 달러 이상을 석탄액화기술 개발에 쏟아 부었다. 또한 미국은 이 기술을 활성화하기 위해 2005년 에너지법안EPACT 2005을 제정했고, 석탄액화기술 사업자에게 세금혜택과 융자 등을 지원하고 있다.[15] 중국의 경우, 2020년까지 약 150조 원을 투자하여 하루 60만 배럴을 생산하겠다는 계획을 내놓기도 했다.[16]

우리나라는 1980년대 석탄액화기술 개발에 뛰어들었으나, 이후 지속적인 저유가 시대를 맞아 개발이 흐지부지되고 말았다. 하지만 최근 정부가 연구를 재개하며 다시 가능성을 확인하고 있다. 2009년 1월 한국에너지기술연구원이 시험용 생산시설 가동을 시작하였으며, 2011년까지 하루 15배럴 정도의 석유를 생산할 수 있는 통합공정을 개발하는 중이다.[17]

두 번째로 천연가스를 이용한 가스액화기술GTL, Gas to Liquid이 있다. 가스액화기술은 원유 정제시설에 비해 설비 투자비용이 비싸 도입이 부진했었다. 하지만 기술 개선으로 설비 투자비용이 감소하고, 고유가 행진이 거듭되면서 상대적으로 경제성이 부각되는 추세다. 가스액화기술의 장점은 황과 매연 등 배출가스가 적어 환경 친화적이라는 점이다.

최근 이러한 장점을 바탕으로 세계 각국은 실증플랜트 건설에 박차를 가하고 있다. 카타르와 나이지리아에서는 2006년에만 각각 하루 3만 4,000배럴 규모의 가스액화기술 설비가 가동되고 있다.[18] 일본은 2006년 자체 독자 기술을 사용한 첫 실증플랜트 건설에 착수했고, 2011년부터 해외 상업화를 추진할 방침이다. 우리나라는 현대건설이 2006년에 카타르 가스액화기술 사업을 수주한 바 있으며, 2008년 12월에는 한국에너지기술연구원과 한국화학연구원이 공동으로 독자 기술 개발에 성공하여 상업화에 박차를 가하고 있다.

세 번째로 오일샌드를 이용하는 방법이 있다. 석유가 모래와 섞여 있는 전 세계 오일샌드에는 석유보다 많은 2조 5,000억 배럴이 묻혀 있다고 한다.[19]

시추정試錐井에 뜨거운 스팀을 불어넣어 석유 성분을 녹인 뒤 뽑아내는 이 방법은 지금까지는 생산비용이 비싸 주목받지 못했지만, 유가가 치솟으면서 대체 원유로 각광받고 있다.

캐나다 매장량 1,750억 배럴는 베네수엘라 매장량 2,700억 배럴에 이어 세계 2위의 오일샌드 보유국으로, 이미 자국 석유 소비량의 약 25%를 오일샌드에서 추출하고 있다. 캐나다의 앨버타 유전에만 세계 인구가 15년 동안 사용할 수 있는 석유가 묻혀 있다고 한다. 2006년, 한국석유공사는 캐나다 앨버타 유전에 있는 오일샌드 광구를 인수한 바 있다. 이 광구에서 채굴 가능한 매장량은 2억 5,000만 배럴로, 하루 생산량 3만~3만 5,000배럴 기준으로 약 20년 동안 상업적인 생산이 가능하다고 한다.[20] 본격적인 상업 생산이 가능해지는 2012년 이후에는 우리나라의 자주 개발률도 크게 향상될 전망이다.

캐나다 포트 맥머리에서 초대형 크레인이 오일샌드를 채굴하고 있다.

폐플라스틱과 미생물을 이용한 석유 제조법

네 번째로는 폐플라스틱으로 석유를 만드는 기술이 있다. 주원료가 석유인 플라스틱은 열분해 과정을 통해 원료인 석유로 되돌릴 수 있다. 잘게 부순 각종 플라스틱을 섭씨 400도 이상의 반응로에서 녹인 뒤 냉각하면 검은 빛깔의 혼합유와 가연성 가스 등을 얻을 수 있다. 이 혼합유를 정제하면 휘발유와 경유 등이 생산되는데, 대략 1톤의 폐플라스틱으로 약 600~800킬로그램의 석유를 생산할 수 있어 효율도 우수하다.

우리나라에서 발생하는 폐플라스틱은 약 20% 정도만 재활용되고 있을 뿐 나머지는 소각하거나 매립하는 실정이다. 2000년에 이미 본격적인 폐플라스틱 유화기술 개발을 시작하여 현재 중소 규모의 상용 시설이 가동되고 있지만 본격적인 상용화가 진행되면 폐플라스틱 중

많은 양이 석유로 재탄생할 것으로 기대된다.

이 외에도 미생물로 석유를 만드는 방법도 있다. 미국의 바이오 선두 기업 아미리스 테크놀로지는 당분을 먹으면 가솔린과 제트연료, 그리고 디젤과 같은 연료를 생산해내는 유전자 변형 미생물을 만드는 데 성공했다. BP, 듀폰 등 글로벌 대기업들도 유전자 변형 미생물을 활용한 석유 생산 연구에 매진하고 있다. 앞으로 대량생산체제 구축 및 상용화를 위한 후속 연구가 완료되면 이러한 유전자 변형 미생물들은 소형 석유시추선 역할을 톡톡히 할 것이다.

세계는 지금 고유가와 기후 변화에 맞서 에너지 안보, 에너지의 환경보호, 에너지의 경제성장을 목표로 경쟁하고 있다. 따라서 앞선 방법들을 바탕으로 우리나라 땅에서 바로 석유를 만들 수 있다면 향후 비상사태에 대비하여 에너지 안보에 큰 도움이 될 것이다.

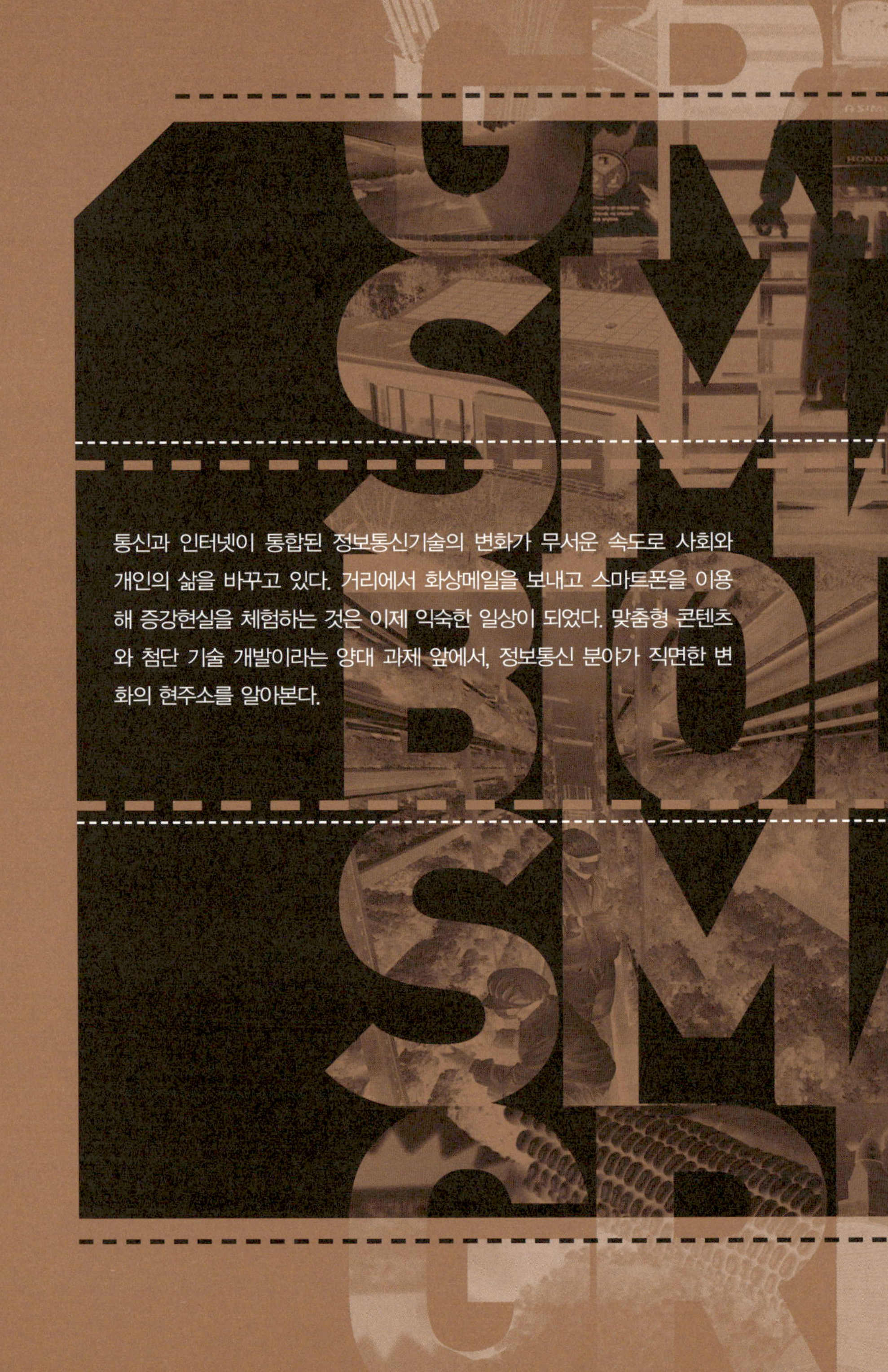

통신과 인터넷이 통합된 정보통신기술의 변화가 무서운 속도로 사회와 개인의 삶을 바꾸고 있다. 거리에서 화상메일을 보내고 스마트폰을 이용해 증강현실을 체험하는 것은 이제 익숙한 일상이 되었다. 맞춤형 콘텐츠와 첨단 기술 개발이라는 양대 과제 앞에서, 정보통신 분야가 직면한 변화의 현주소를 알아본다.

3장

세상이 점점
스마트해진다

통신 컨버전스 시대의 **생존 조건**

– 이성호

방송통신시장의 경계가 사라지고 있다

2008년 11월, KT가 실시간 지상파 방송을 포함한 IPTV 서비스를 처음으로 시작했다. 그로부터 1년 반도 지나지 않은 2010년 4월, 이 서비스에 가입한 사람은 200만 명에 이르렀다. 이렇듯 네트워크 사업자 간에 미디어 경쟁이 치열해지고 있다. 특히 유선 사업자와 무선 사업자의 합종연횡이 가속화되면서 트리플유선전화+초고속인터넷+유료방송 또는 쿼드러플 플레이 서비스트리플 플레이 서비스+이동통신 등 다양한 형태의 결합 상품이 등장했다.

그동안 인터넷 방송은 포털이, 미디어는 방송기업이, 그리고 커뮤니케이션은 통신사가 장악해왔는데, 이제 영역 간 경계가 허물어지고

각종 결합상품이 나오면서 전혀 다른 업종 간에 경합이 벌어진 것이
다. 한마디로 방송통신 시장 전체가 경쟁이 치열한 레드오션화되고
있다고 말할 수 있다.

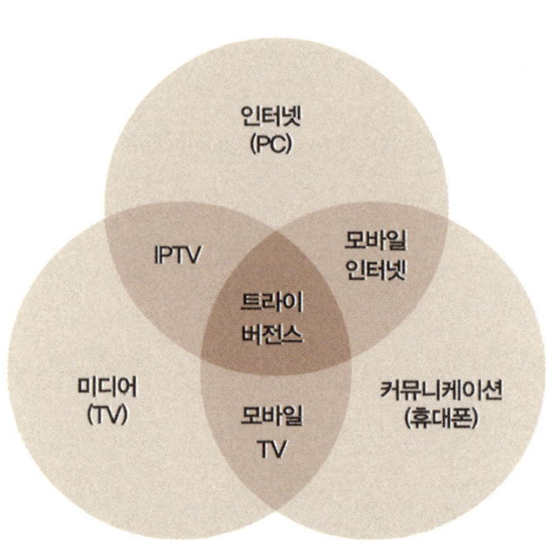

자료 : 이성호(2009.2.3). "IT 컨버전스의 진화." SERI 경제포커스. 삼성경제연구소.

인터넷, 시내전화 및 이동통신, 방송이 모두 인터넷 프로토콜IP 기
반의 광대역 컨버전스망으로 수렴하는 현상을 통신 컨버전스라 부른
다. 통신 컨버전스 시대로의 변화를 이끄는 키워드는 한마디로 '개인
중심의 라이프스타일'이다. 참여와 역동성, 그리고 상호 간 커뮤니케
이션이 중시되는 이 시대에는 개인의 기호를 만족시키는 맞춤형 미디
어가 주를 이룰 것이다.

이에 따라 소비자의 선호를 정밀하게 파악해서 개개인이 가장 좋아
하는 콘텐츠를 맞춤형으로 제공하는 서비스가 각광을 받을 것으로 예

상된다. 앞으로는 맞춤 제작된 방송 채널이 전달되어 각 소비자가 시청하는 콘텐츠가 달라지고, 또 개인별 선호에 적합한 주문형 비디오를 추천하는 서비스도 눈에 띄게 많아질 것이다. 특히 눈여겨볼 부분은 광고의 변화다.

다양한 매체에 활용되는
양질의 콘텐츠 개발이 관건

시청자의 연령, 성별, 학력, 거주지역, 결혼 유무, 소비성향 등 개인별 특성 및 선호도를 파악해서 가장 적합한 광고를 선별적으로 제공하는 맞춤형 광고가 새롭게 부상할 전망이다. 실제로 영국의 온라인 광고 솔루션 업체인 폼은 소비자의 인터넷 및 미디어 이용 패턴을 분석해서 광고주가 정밀하게 선별한 소비자군에게만 광고를 제공할 수 있는 '오픈 인터넷 익스체인지' 시스템을 이미 출시했다.

미디어 사업자는 다양한 매체를 통해 소비자의 구매 패턴을 파악할 수 있고, 소비자들은 언제 어디서나 자신에게 가장 필요한 광고와 콘텐츠를 시청할 수 있게 되는 것이 통신 컨버전스 시대의 가장 큰 특징이다.

이렇게 '개인 중심의 라이프스타일'이 중시되는 통신 컨버전스 시대에 기업들이 신경 써야 할 전략은 먼저 콘텐츠다. 당장 큰 수익이 나지 않는데도 불구하고 벌써부터 IPTV 서비스 시장에서는 콘텐츠 경쟁이 치열하다. 통신사들이 이처럼 양질의 콘텐츠를 개발하는 데

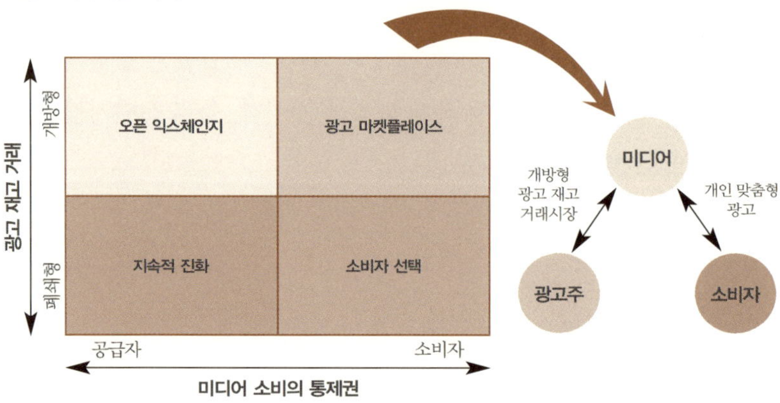

자료 : Berman, S.J., Battino, B., Shipnuck, L. & Neus, A.(2007). The end of advertising as we know it. IBM Institute for Business Value.

열을 올리는 이유는 네트워크 결합상품 중 가장 차별화하기 쉬운 것이 콘텐츠이기 때문이다. 서비스 경쟁에서 우위를 점하려면 무엇보다도 양질의 콘텐츠를 제공해야 하며 특히 개인 맞춤화, 양방향성, 실시간과 같은 특성을 잘 결합해야 한다.

질 좋은 콘텐츠 확보와 더불어 신경 써야 할 부분이 콘텐츠를 담는 컨테이너의 결합 문제다. 과거에는 컴퓨터, 텔레비전, 휴대폰 등 각 매체에 저마다 뚜렷한 기능이 있었다. 즉 영상은 텔레비전을 통해서만, 인터넷은 컴퓨터를 통해서만, 개인 간 소통은 전화를 통해서만 가능했다. 하지만 지금은 이들이 멀티미디어 PC, 인터넷 TV, 스마트폰으로 결합되고 있다. 그러다 보니 이제는 모든 기기가 방송 및 인터넷 콘텐츠의 채널이 되었다. 그런 상황에서는 콘텐츠 하나를 만들더라도 이를 다양한 매체에 효과적으로 활용하는 전략을 수립해야 한다.

소비자 개인의 기호와 특성
어떻게 활용할 것인가

또 하나는 플랫폼 전략이다. '개인 중심의 라이프스타일'이 주를 이루게 되는 통신 컨버전스의 시대에는 소비자 한 사람 한 사람의 기호를 파악하는 것도 매우 중요한 과제다. 그래서 대두된 것이 '라이프 컨버전스 플랫폼'이다. 플랫폼이란 포털 사이트나 인터넷 홈쇼핑과 같이 소비자들의 이용특성 및 정보를 수집할 수 있는 공통적인 채널이라 할 수 있다. 통신 컨버전스 시대에는 소비자들의 정보를 얻을 수 있는 채널이 매우 다양해질 텐데, 이 다양한 채널들을 어떻게 플랫폼으로 통합하여 활용하느냐가 중요하다.

가령 TV 홈쇼핑 채널과 인터넷 전자상거래 채널을 결합한 플랫폼을 생각해보자. 먼저 인터넷 전자상거래 채널을 통해 소비자의 구매양상을 추적해서 소비자의 기호나 구매의사 정도를 파악한 다음, 현재 TV 홈쇼핑을 시청하는 소비자가 가장 구매할 가능성이 높은 제품들을 맞춤 방영한다. 시간대별로 시청자가 좋아할 만한 것들을 소개하니 구매율은 당연히 높을 수밖에 없다.

기술 중심의 기존 컨버전스가 결합상품을 대량 판매하는 공급자 중심의 매스마케팅 전략이었다면, 새로운 라이프 컨버전스는 소비자 중심의 매스커스터마이제이션_{자동화된 소프트웨어 기술을 활용해 대량으로 개인 맞춤형 서비스를 제공} 전략이라 할 수 있다. 방송통신 기업들이 개인 중심의 라이프 컨버전스 서비스를 통해 다시 한번 재도약하기를 기대한다.

똑똑한 커뮤니케이션, **디지털 사이니지**

– 이치호

21세기 거리 밝히는
디지털 사이니지

서울 강남역에서 교보생명 사거리까지 이어지는 도로변에는 인터넷 아트 미디어폴 22개가 설치되어 있다. 멀리서 보면 전봇대나 가로등처럼 보이지만 여기에는 최첨단 LED, LCD 영상패널과 터치스크린 기술을 기반으로 하는 키오스크 기능, 즉 무인정보 검색기능이 들어있다. 이것이 바로 디지털 광고 시장의 새로운 강자로 부상하고 있는 디지털 사이니지Signage다.

디지털 사이니지란 옥외 대형 광고판을 비롯해서 쇼핑몰, 공항, 버스 정류장 등의 공공장소와 상업공간에서 다양한 정보와 광고 등의 메시지를 LCD, LED, PDP, 프로젝터 등을 통해 대중에게 전달하는

강남역 미디어폴 조감도.

디지털 디스플레이다. 그동안은 DIDDigital Information Display, 즉 디지털 정보 디스플레이와 혼용되었지만 DID는 디스플레이 기기 측면이 강조된 개념이고, 디지털 사이니지는 콘텐츠와 솔루션이 더해져 네트워크화된 시스템 측면이 강조된 개념이라는 점이 다르다.

디스플레이가 점차 슬림해지고 무게가 줄면서 설치 가능 장소가 늘고 가격 또한 지속적으로 하락하여 디지털 사이니지의 보급도 확대되는 중이다. 또한 유무선 네트워크가 발달하여 실시간으로 영상과 정보를 제공할 수 있게 되면서 활용 분야도 점차 넓어지고 있다.

실시간 영상정보로
소비자 눈길 사로잡는다

일본에서도 단순 광고, 홍보성 디스플레이에서 한층 진화된 다양한 디지털 사이니지가 주목받고 있다. 통신 및 전자기기를 생산하는 NEC는 2009년에 디지털 사이니지에 안면 인식기술을 적용한 디스플레이 기기를 출시했는데, 사이니지 부근에 접근한 고객의 성별과 나이를 판단하여 각각 다른 콘텐츠를 제공한다고 한다.

통신 전문업체인 NTT 역시 후각정보를 추가한 디지털 사이니지를 2009년에 선보였다. 예를 들어 대형 할인점 우유 코너에서 바닐라 우유를 홍보한다면, 사이니지에 우유 광고가 뜨는 것은 물론이고 주변에 바닐라향을 분사하여 홍보 효과를 극대화하는 것이다.

그런가 하면 일본 최대 규모의 디지털 사이니지 업체인 소프트뱅크는 2008년 10월부터 후쿠오카의 인파가 많은 500여 개 장소에 사이니지를 설치했다. 시민의 다양한 생활동선에 맞춰서 자회사 구단 홍보를 하는 것인데, 후쿠오카 시민들은 하루 평균 3회 이상 그 광고에 노출된다고 한다. 야후재팬은 소프트뱅크의 디지털 사이니지에 안면 인식 카메라를 부착하여 광고 및 콘텐츠 인지율과 광고효과를 검증하는 실험을 수행하기도 했다.

우리 기업 중에서는 2009년에 제일기획이 '스마트 윈도우' 라는 재미있는 마케팅 아이디어를 제안한 바 있다. 평상시에는 투명한 쇼윈도지만 고객이 터치하면 쇼윈도에 상품 사진과 동영상을 디스플레이하는 디지털 사이니지다. 물론 고객의 얼굴을 인식하여 추천상품을 보여주기도 하고 고객의 손동작을 인식하여 더 자세한 정보나 다른 상품에 대한 접근을 용이하게 만들어주기도 한다. 또한 함께 제안된 증강현실Augmented Reality, 현실에 컴퓨터가 만든 정보를 더해 하나의 영상으로 보여주는 혼합현실 기법을 활용하는 '매직 브로셔' 아이디어와 결합하면 고객이 옷을 입고 있는 모습을 디스플레이해 줌으로써 마케팅 효과를 높일 수도 있다.

또한 삼성전자는 2009년에 유비쿼터스 자판기 '유벤딩uVending'을 선보였다. 터치스크린형 LCD 디스플레이를 탑재한 자판기 유벤딩은 네트워크로 재고와 판매정보, 고장 발생 유무를 관리할 수 있다. 또한 판매제품과 연계한 콘텐츠, 이를 테면 휴대폰 벨소리나 배경화면 등을 고객의 휴대폰으로 전송할 수 있다고 한다.

중국도 디지털 사이니지에 대한 관심이 높다. 2008년 6월부터 베이징에서 가동되고 있는 대형 LED 패널 '그린픽스 제로 에너지 미디어 월Greenpix Zero Energy Media Wall'이 중국 디지털 사이니지의 발전을 상징한다고 할 수 있다. 시꾸이 복합문화센터 외벽에 무려 2,292개의 LED를 부착한 2,200제곱미터 길이의 이 패널은 1킬로미터나 떨어진 곳에서도 정보를 읽을 수 있을 정도로 크다고 한다. 이 패널은 태양전지를 내장하여 낮에 발전한 전력으로 야간에 디지털 사이니지를 가동하기 때문에 전체 소비전력이 제로인 아주 특이한 시스템이다.

디지털 사이니지의
시장 전망

이렇듯 선진국을 중심으로 급속하게 성장하고 있는 디지털 사이니지는 방송, 신문 등을 통해 동일한 광고를 노출시키는 대중 광고와 구글의 애드워즈처럼 인터넷에서 검색어와 관련된 광고를 노출시키는 표적 고객용 광고의 장점을 모두 갖추고 있다. 따라서 초기에 성공적으로 시장에 진입한다면 파급력과 잠재력이 엄청날 것이다.

물론 국내 디지털 사이니지 시장은 아직 초기 단계로 규모가 연간 1,000억 원에 지나지 않는다.[1] 하지만 시스템 구축비용이 낮아져서 대규모 상업시설뿐 아니라 일반 소매점, 음식점, 미용실 등으로까지 도입이 확대되고 광고 효과를 높이는 기술력이 바탕이 된다면, 기존의 대중 광고 및 인터넷 광고의 뒤를 잇는 새로운 광고매체로 보급될 가능성이 매우 높다.

갈수록 다양화, 다각화된 사업 모델을 전개해 나가는 해외 기업들에 대응하기 위해서는 하드웨어, 솔루션, 콘텐츠 제작, 광고 모델 개발 등 각 분야의 협력이 절실히 요구된다. 우리가 가진 세계적 수준의 디스플레이, 이동통신을 비롯한 IT 기술에 제대로 된 비즈니스 모델을 접목시킨다면 디지털 사이니지에서 기술 우위를 확보하는 일도 그리 요원하지만은 않을 것이다.

GPS의 한계를 넘는다, **WPS**

- 이준환

무선 랜으로 찾아간다
실내 위치측정 서비스

위성항법장치, 즉 GPS가 장착된 내비게이션이 등장한 게 엊그제 같은데 이제 자동차의 필수 옵션으로 자리 잡았다. 전국 어디든 말만 하면 길을 안내해줄 뿐만 아니라, 지구 위를 도는 20여 개의 인공위성과 끊임없이 교신하면서 지금 어디가 막히고 어디가 덜 막히는지까지 알려주니 그 편리함은 이루 말할 수 없다. 최근에는 내비게이션 말고도 GSP 기술을 내장한 스마트폰까지 등장하여 위치측정 서비스를 제공하고 있다.

그러나 GPS는 실내에서는 잘 작동이 되지 않고 오차 범위가 크다는 한계를 갖고 있다. GPS는 기본적으로 세 개 이상의 위성을 이용해 좌표를 계산하는데 이 방식은 위성신호 수신이 어려운 실내나 빌딩이 빽빽하게 들어찬 도심에서는 제대로 작동하지 않는다. 일상생활의 대부분이 실내에서 이루어진다는 점을 감안한다면 이는 치명적인 한계라 할 수 있다. 또한 오차 범위가 최대 수십 미터에 달해 정밀한 위치 정보 서비스를 제공하기가 쉽지 않다.

이러한 GPS의 단점을 보완하여 새로 개발된 솔루션 중 대표적인 것이 WPSWiFi Positioning System다. WPS는 위성통신이 아닌 무선 랜을 기반으로 위치를 측정한다. 무선 랜은 무선접속장치AP가 설치된 곳의 일정 거리 안에서 초고속 인터넷을 할 수 있는 근거리통신망LAN으로, 유선 연결이 복잡한 백화점이나 공항·병원·박물관 등 소규모 단위 지역을 커버하는 데 유용하다. 특히, 스마트폰, 태블릿 PC, 넷북 등 이를 지원하는 기기가 급증하면서 무선 랜은 가정에서도 폭넓게 사용되고 있다. WPS는 바로 이런 점에 주목한 기술이다.

■ 주요 위치인식 기술의 비교

구분	시스템 구성	오차범위	지리적 가용성
GPS	인공위성, 지상관제국, GPS 수신기	13~20미터	실내와 건물 밀집지역에서 수신율 저하
이동통신망 기반	기지국, 위치인식 서버, 단말기	수백 미터 이상	이동통신망 가용 지역
와이파이 무선 랜, 센서 네트워크 기반	근거리 무선통신망, 전자태그	1~99미터	근거리 무선통신망 가용 지역

자료 : 이성호(2010.7.1). "스마트폰과 위치기반 서비스를 활용한 서비스산업 혁신전략." SERI 경영노트 62호. 삼성경제연구소.

일상을 바꾸는
다양한 통신 인프라

무선 랜은 전파 도달거리가 비교적 길고 전파가 장애물을 투과하는 것이 특징이다. 따라서 무수히 존재하는 무선공유기와 그 네트워크를 이용한다면 실내는 물론 도심 밀집지역에서도 정확한 위치를 파악할 수 있다. 최근에는 구글이나 지방자치단체 등이 무선 랜 무상보급 사업을 펼치고 있어 WPS의 활용 환경은 계속해서 개선되고 있다.

한편, 무선 랜뿐만 아니라 지구 자기장을 이용한 실내 위치측정 기술도 개발되었다. 2009년 7월 핀란드의 넬리랩이 개발한 이 기술은, 지표면 자기장이 건물의 철골, 전력 시스템 주변에서 왜곡되는 현상을 이용하여 위치를 측정한다. 휴대폰 등에 장착한 지표면 자기장 센서가 그 변화를 서버에 송신하여 위치를 측정하는 것이다.

글로벌 선진 기업들은 이처럼 다양한 통신 인프라를 활용해 실외는 물론 실내에서도 정밀한 위치측정이 가능한 솔루션 개발을 추진하고 있다. 최근 마이크로소프트는 실내 무선 랜을 활용해 오차 수준 3미터 내의 위치추적 기술을 개발했고 인텔은 이를 실외 환경으로 확대하는 방안을 모색 중이다. 일본 쿠짓 사는 2009년 12월, 아이폰 미술관 가이드앱 '다모노'를 출시했다. 스마트폰을 소지한 관람객이 특정 전시관으로 이동하면 무선 랜 장비가 단말기 신호를 포착하여 해당 전시품에 대한 정보를 제공하는 서비스인데, 이 경우 미술관에서 별도로 기계를 빌리지 않아도 얼마든지 편리하게 작품 해설을 들을 수 있다. 이 서비스는 교토의 국제만화박물관에 적용될 예정이다.

또한 미국의 에어로스카우트 사는 2009년 12월 호주의 사마린다 실버타운에 거주자 안전관리 및 의료장비의 위치를 추적하는 솔루션을 설치했다. 휴대용 와이파이 태그가 주기적으로 발신하는 신호를 무선랜이 수신하여 노약자들의 위치와 이동경로를 모니터링할 뿐만 아니라, 응급상황이 발생하면 와이파이 태그에 부착되어 있는 비상버튼을 통해 즉각적인 의료 서비스를 제공한다. 이 기술은 화재와 같은 재난 구조에도 활용되는 등 다양한 서비스를 창출할 것으로 기대된다.

그 밖에도 실내 위치인식 솔루션을 통해 대형 몰에서 쇼핑하는 고객에게 현재 위치나 인근 상점의 쿠폰, 이벤트 정보 등을 휴대폰으로 전송하는 서비스도 곧 상용화될 예정이다.

앞으로 실내 위치기반 서비스는 기존의 GPS뿐만 아니라, 스마트폰을 활용한 이용자 정보, 증강현실, 소셜네트워크와 결합하여 활용 영역이 빠르게 확대될 것이다. GPS와 와이파이 망을 함께 활용해 실내외 어디서나 정확한 위치를 파악할 수 있고, 결과물을 지도뿐 아니라 카메라 영상과 함께 표현 가능함은 물론, 이용자의 행태와 취향 정보를 활용해 개인 맞춤형 서비스까지 제공할 수 있게 되었다. 위치기반 기술의 진화는 다양한 산업에서 새로운 비즈니스 기회를 창출할 것이다.

CSI 수사대에서 배우는 **첨단 기술**

– 김진혁

상상을 초월하는 첨단 컴퓨터
드라마에만 있을까?

　미국 드라마가 한국에서도 큰 인기를 끌고 있다. 수많은 미국 드라마 중에서도 미국 내 시청률 1위를 오랫동안 고수했던 작품이 바로 CSI 시리즈다. CSI는 Crime Scene Investigation의 약자로, 흔히 '과학수사대'라고 부른다. 우리나라 드라마로 치면 〈수사반장〉과 유사한 장르라고 할 수 있다.

　CSI 시리즈가 인기를 끄는 데에는 출연배우들의 매력도 한몫했지만, 무엇보다 현장에서 수집한 사소한 증거들을 활용해서 범인을 찾아내고야 마는 첨단 과학수사기법이 매회 시청자들의 눈을 사로잡기 때문이다. CSI 시리즈에는 스릴 넘치는 자동차 추격전이나 총격전 대신 첨단 과학기술이 있고, 치밀한 두뇌싸움이 있다. 창틀에서 지문을 채취해서 대조하거나 범행사실을 완강히 부인하는 용의자를 상대로 범행현장에서 발견한 머리카락에서 추출한 DNA를 제시하여 무력화 시키는 장면은 CSI 시리즈에서는 너무나 평범한 장면에 불과하다. 과학기술이 눈부시게 발전하면서 과학수사 기법도 한 차원 높아진 만큼 CSI에는 상상을 초월하는 첨단 기술이 등장한다. CSI에 등장하는 몇 가지 첨단 기술을 직접 확인해보자.

가장 먼저 눈에 띄는 것은 차세대 컴퓨터다. 살인사건이 벌어진 현장에서 수거한 PDA. 과연 이 PDA에는 어떤 자료가 담겨 있을까? 과학수사대원이 PDA를 테이블 위에 올려놓는다. 현대적인 디자인에 표면이 불투명 유리로 된 평범한 테이블이다. 그런데 이 테이블 위에 PDA를 놓자 신기하게도 PDA 안에 들어 있던 각종 자료가 모니터에 차례로 나타난다. 과학수사대원은 양손으로 테이블 표면을 두드리거나 드래그하면서 자료를 조사한다. 평범한 테이블처럼 보이지만, 사실 이것은 바로 마이크로소프트가 2007년에 선보인 차세대 컴퓨터 '서피스Surface' 다.

서피스의 상단부에는 30인치 스크린이, 하단부에는 스크린 위에서 움직이는 물체를 감지하는 적외선 카메라 5대와 화면에 영상을 비추는 역할을 하는 프로젝터가 설치되어 있다. 이 제품의 핵심 기능은 키보드나 마우스 같은 별도의 입력장치 없이 제품 상단의 스크린을 터치해서 원하는 문서나 사진, 정보를 처리하고 동시에 여러 명이 조작할 수 있다는 것이다. 주변 기기와 연결할 때도 USB 등 별도의 케이블을 사

용하는 대신 드라마에서
처럼 테이블 위에 올려두
기만 하면 된다.

현재는 일부 의류매장
등에서도 사용되고 있는
데, 예를 들어 옷에 붙어
있는 태그를 서피스에
올리면 옷의 가격, 소재
등 각종 정보가 디스플
레이에 나타나고, 직원
과 고객이 함께 서피스
앞에 앉아서 스크린을
보면서 코디 등에 대한
상담을 할 수 있다.

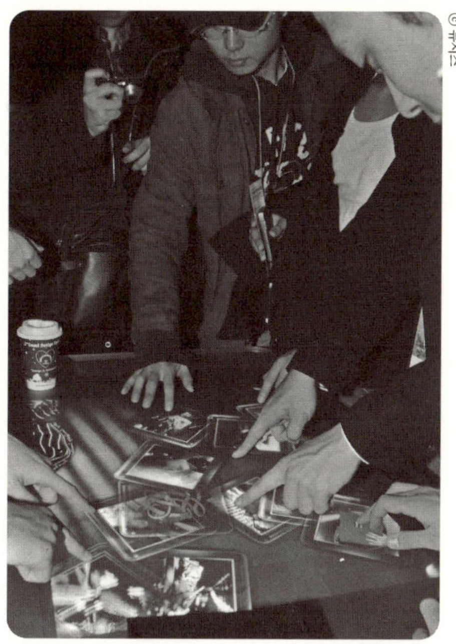

2008년 12월, '서울 디자인 페스티벌'을 찾은 관람객들이
서피스를 체험하고 있다.

평면 정보를
입체 정보로

두 번째로 소개할 기술은 사진과 관련된 것이다. 사람들이 가득한
파티장에서 살인사건이 일어났다. 그런데 살해 장면을 목격한 사람은
아무도 없다. 어디서부터 수사를 해야 할까? 과학수사대는 파티에 참

석한 사람들이 가지고 있던 카메라와 휴대전화를 모두 수거한다. 그리고 거기에 찍힌 사진을 분석하기 시작한다.

그런데 흔히 생각하듯이 사진을 늘어놓고 들여다보는 것이 아니다. 수많은 사진을 겹쳐서 입체사진을 만들고, 3차원 공간을 구성한 다음에 조사를 하는 것이다. 이 놀라운 기술 역시 마이크로소프트가 선보인 '포토신스Photosynth'다. 이 기술의 핵심은 사진과 사진을 연결해서 3D 이미지를 만들어내는 것인데 설계, 시뮬레이션, 콘텐츠 제작 등 향후 응용 가능성이 무궁무진하다. 예를 들어 숭례문 사진들을 모아서 불타기 전 숭례문의 입체적인 모습을 재현할 수도 있는 것이다.

세 번째로 소개할 첨단 기술은 의류매장의 피팅룸에서 실제로 활용되고 있다. 새로 살 옷을 입어보기 위해 피팅룸에 들어간 미모의 아가씨가 거울 앞에 선다. 그런데 거울을 가볍게 만지자 배경이 바뀐다. 수영복을 사려고 한다면 배경을 해변으로 바꾸고 옷맵시를 확인할 수 있다. 정장을 고르고 있다면 여기에 맞는 다른 배경을 선택할 수도 있다. 뿐만 아니라, 실제로 옷을 갈아입지 않고도 다른 옷을 입은 모습을 확인할 수 있다. 심지어 자신의 정면 모습뿐만 아니라 옆모습이나 뒷모습도 볼 수 있다. 이 기술은 3D 카메라와 터치스크린 기술이 결합된 첨단 피팅룸인데, 프라다는 일부 매장에서 실제로 이 기술을 활용하고 있다. 고객들은 선호하는 스타일에 따라 다양한 의류를 신속하게 코디해볼 수 있어서 편리하다고 말한다.

네 번째 기술은 지도와 관련된 기술이다. 외딴 곳에서 발견된 피살자의 몸에 일곱 자리 숫자가 적혀 있다. 꽤 중요한 단서인 것 같다고 생각한 과학수사대원은 이 숫자가 지역을 가리키고 있다고 판단한다. 사실 숫자는 사건이 일어난 장소의 좌표였다. 과학수사대원이 이 좌표를 마이크로소프트의 '버추얼 어스Virtual Earth'에 입력하자 현장의 입체사진이 스크린에 펼쳐진다. 현재 이 기술은 상당 부분 현실에서 구현되고 있다. 구글에서도 '구글어스' 라는 입체지도 서비스를 제공하고 있고, 국내 인터넷 포털 업체들도 관련 서비스를 시작했다. 평면지도의 시대는 가고 입체지도의 시대가 온 것이다.

입체지도와 위치정보, 센싱 기술이 결합하면 새로운 비즈니스 모델이 만들어진다. 현대중공업에서는 버추얼 어스를 활용해서 원격관리 서비스를 시작했다고 한다. 즉, 고가의 건설장비에 GPS와 기계의 상태를 체크하는 센서를 설치하고 이를 입체지도와 연계하면 장비 소유주는 컴퓨터 앞에 앉아서 자신의 장비들이 언제 어디서 운영되는지, 정비시점이 되었는지 등을 실시간으로 체크할 수 있다.

진화하는 기술
상상을 현실로 만든다

지금까지 소개한 기술 외에도 CSI 시리즈에는 온갖 신기한 기술이 등장한다. 가히 첨단 IT와 BTBio Technology, NTNano Technology의 향연이라고 해도 과언이 아니다. 물론 드라마적 상상력을 발휘했기 때문에 실제 기술수준에 비해 과장된 측면도 있다. 예를 들어, 드라마에서는 머리카락을 잘라서 DNA 분석기에 넣고 기계를 돌리기만 하면 곧바로 DNA가 추출되지만 실제로는 약 일주일 이상의 시간이 필요하다고 한다. 또 흐릿하게 찍힌 사진이나 CCTV 화면에서 특정 부위만 확대하면 용의자의 모습이 또렷하게 나타나는 장면도 볼 수 있는데, 이 역시 현실에서 구현하기는 어려운 기술이다. 중요한 것은 CSI 시리즈에 등장하는 기술들이 세상이 나와 있고 계속해서 진화 중이라는 사실이다.

한편, 미국 법정에서는 과거 같으면 충분히 유죄 판결을 받을 사건들이 종종 과학적 증거가 부족하다는 이유로 무죄 판결을 받는 경우가 많아졌다고 한다. CSI 시리즈를 즐겨 본 배심원들이 현재의 기술 수준으로는 불가능한 증거를 요구하기 때문이다. 그래서 이런 현상을 두고 'CSI 효과'라는 신조어까지 생겨났다고 한다.

영화나 드라마에 등장했던 첨단 기술은 가까운 미래에 현실이 된다. 그리고 이를 잘 활용한 기업들은 큰 기회를 얻게 될 것이다. 앞으로는 CSI 시리즈를 볼 때 범인이 누구일까에만 관심을 갖지 말고, 숨어 있는 첨단 기술도 눈여겨보는 것이 어떨까?

냅킨처럼 뽑아쓰는 **컴퓨터?**

– 김정우

PC의 무한상상!
콘셉트 PC

모터쇼에 가면 소비자의 다양한 요구와 성향을 알아보기 위해 제작되는 '콘셉트카'를 관람할 수 있다. 그런데 PC에도 '콘셉트 PC'가 있다. 콘셉트 PC란 첨단 디자인과 기능으로 무장한 기발한 콘셉트를 보여주는 신개념 PC다.

2008년 5월 미국 마이크로소프트가 후원한 차세대 PC공모전 'Next-Gen PC Design Competition'에서는 참가자들의 기발한 상상력이 담긴 다양한 개념의 PC들이 선보였다.

콘셉트 PC, 즉 미래 PC의 가장 큰 특징 중 하나는 사용자들이 일상에서 사용하고 있는 도구나 생활용품을 PC로 만든다는 점이다. 차세

평소에는 냅킨처럼 홀더에 끼워두었다가 필요할 때만 꺼내서 활용하는 냅킨 PC.[2]

대 PC 공모전에서 1등을 차지한 '냅킨 PC'가 대표적인 사례다. 냅킨 PC는 말 그대로 식탁 위의 냅킨과 형태가 유사하다. 냅킨 모양의 전자종이 터치스크린 패널과 스타일러스 펜으로 구성되어 있으며, 컴퓨터 본체는 냅킨을 꽂아놓는 홀더에 있다. 평소에는 냅킨처럼 홀더에 끼워놓았다가 필요할 때 개인이나 여러 사람이 한꺼번에 꺼내서 활용하는 태블릿 PC다. 위키피디아에도 소개되어 있는 냅킨 PC는 통신기능이 지원되어 공동 작업을 할 때도 편리하다.

또한 머그컵 모양의 PC도 등장했다. 음료수를 담아 마시는 컵에 이용자가 원하는 정보를 표시하는 터치스크린이 있어서 아침 식사시간에도 장소에 얽매이지 않고 사용자가 원하는 정보를 얻을 수 있다.

한편, 주부들에게 인기를 끌 만한 PC도 선보였다. 일명 '스마트셰프'라는 PC다. 스마트셰프는 주방에서도 사용할 수 있도록 도마를 PC로 만들었으며, 실제로 음식을 요리할 수 있는 도마 형태의 공간과 휴대 가능한 디스플레이로 구성되었다. 도마 부분은 기존 PC의 본체에 해당하며, 그 내부에는 컴퓨터의 기본 구성인 프로세서, 메모리, 네트워크 장치 등이 포함되어 있다.

물론 아직 실용성이 높다고는 할 수 없지만, 일상생활에서 PC를 손

쉽게 사용하려면 어떤 형태가 되어야 하는가에 대한 상상력을 자극하기에 충분하다.

'심플앤홈웨어' 로
시장 재편을 노린다

미래 PC의 또 다른 특징은 특정 고객의 니즈에 부합하는 목적용 PC라는 점이다. 미취학 아동들을 대상으로 하는 '위더스' 라는 PC가 좋은 예다. 기존의 아동용 PC는 대부분 방에서 혼자 사용하지만, 위더스는 여러 아이들이 함께 자신들의 놀이공간을 만드는 것이 특징이다. 예를 들어, 디스플레이 패널 형태인 PC를 서로 연결하면 커다란 책상이나 그림판이 되고, 아이들은 그 위에 그림을 그리거나 퍼즐 놀이를 할 수 있다. 위더스는 어린아이들이 친구들과 함께 놀면서 배우고 올바른 가치관과 사고능력을 기르는 것을 목적으로 한다.

여가 활동을 위한 PC라는 점도 하나의 특징이다. 예를 들어, '클레프' 는 뮤지션들을 번거롭게 했던 악보 넘김을 도와주는 PC다. 액정 터치스크린을 통해 악보를 보여주고, 무선 발판이나 터치스크린을 누르면 다음 페이지로 넘어가도록 고안되었다.

이 밖에 여행객을 위한 PC도 등장했다. 디지털북의 형태인 '백패커스 다이어리' 는 전자책 개념의 PC다. 여행자가 여행정보가 담긴 페이지에 마치 일기를 쓰듯 펜으로 기록할 수도 있고, 태양과 조명으로 배터리도 충전할 수 있다. 뿐만 아니라, GPS가 내장되어 있어, 어디를 가든지 자신의 현재 위치를 알 수 있기 때문에 여행객들에게 안성맞춤 PC로 각광받을 가능성이 높다.

각기 기능과 목적은 달라도 콘셉트 PC의 공통되는 특징은 바로 '심플앤홈웨어Simple & Homeware' 다. 미래에는 생활용품과 결합된 PC, 특별한 목적에 맞는 PC가 시장에 등장할 가능성이 높다. 사용자의 니즈에 부합할 뿐만 아니라 소비자의 관심을 끌 만한 디자인이 결합된다면 신개념 PC는 기존의 PC 시장을 새로운 모습으로 재편할 것이다.

2000년 만의 변신, **전자종이**

– 정동영

둘둘 말아 휴대할 수 있는
전자종이의 출현

A. D. 105년 중국 후한의 채륜이 발명한 종이는 2000년 가까이 사람들의 일상생활에서 중요한 정보 전달수단으로 자리했다. 그런데 1990년대 이후 인터넷이 보편화되면서 사람들은 또 다른 형태의 종이를 만나게 되었다. 언제 어디서든 정보를 전달받을 수 있고 기록이 가능하면서도 저렴한 '전자종이Electronic Paper' 가 그것이다.

통신 기술의 무선화와 더불어 컴퓨터 · 방송 · 통신이 융합된 새로운 라이프스타일이 자리 잡음에 따라 전자종이에 대한 관심은 더욱 커지고 있다. 업계에 따르면 세계 전자책 단말기 시장의 규모는 2009년 200만 대에서 2012년 1,100만 대, 2020년 2억 1,800만 대로 성장할 것이라고 한다.[3]

전자종이는 응용 분야도 다양하다. 가장 친근한 애플리케이션으로는 전자책과 전자리더Electronic Reader가 있으며, 일반 종이로는 불가능한 표시 전환을 쉽게 할 수 있다는 점에서 광고나 전자 게시판 등에서도 응용될 것으로 기대된다. 특히, 시간에 맞춰 적절한 광고를 내보낼 수 있어 광고용으로서의 매체 가치도 높아질 듯하다. 일부에서는 슈퍼마켓 등의 가격표에 전자종이를 응용하는 방안도 추진되고 있다. 이렇게 전자종이가 애플리케이션의 폭을 넓혀감에 따라 전자신문, 광고판, 스마트카드 등을 비롯한 전자종이의 시장 규모도 2009년 1억 2,700만 달러, 2010년 약 2억 6,000만 달러 수준에서 2020년에는 70억 달러를 상회할 것으로 예상되고 있다.[4]

전자종이란 노트북이나 PDA의 액정화면 같은 디스플레이를 접거나 둘둘 말 수 있을 만큼 얇고 부드럽게 만든 것이다. 반사형 디스플레이로 소비전력이 낮고, 대형 배터리가 필요치 않기 때문에 가볍고 눈의 피로가 적으며, 지우고 쓰기를 반복할 수 있어 반영구적이다.

이러한 전자종이가 최초로 개발된 것은 1975년이다. 제록스 팰러앨토연구소PARC의 닉 셰리던 박사Nick Sheridon가 자이리콘Gyricon이라 불리는 디스플레이를 개발하면서 그 역사가 시작되었다. 자이리콘의 원리는 두 개의 플라스틱 필름 사이에 수백만 개의 흑백 공 모양 입자를 채운 후 외부에서 자기장을 가하면 서로 반대 전하를 띤 이 공들이 일정하게 배열되면서 문자나 그림을 표시하는 것이었다.

이후 전자종이 기술은 1996년 MIT 미디어랩의 자회사인 이잉크E-Ink에서 개발한 마이크로 캡슐형, 콜레스테릭 액정압력, 온도 변화 등에 의하여 색이 민감하게 달라지는 성질이 있는 액정의 일종을 이용한 방식 등으로 발전되었다.

개인용 모바일에서
유비쿼터스 정보 제공까지

탄생 후 30여 년간 실험실 내에서 구현되었던 전자종이 기술은 2000년대 이후에 제품으로 응용되어 드디어 시장에 선보이게 되었다. 형태는 크게 '개인용 모바일 기기'와 '유비쿼터스 정보 제공기기'로 분류할 수 있다.

먼저 개인용 모바일 기기의 경우, 2004년 4월 소니가 전자종이 기술을 최초로 상품화한 전자책 '리브리에'를 출시했다. LCD와는 달리 종이 위에 잉크로 인쇄된 것과 매우 유사한 영상을 표시하고 있으며 전자잉크로 반복해서 쓸 수 있는 것이 특징이다. 소니는 리브리에의 후속 제품들을 '소니 리더'라는 이름으로 판매하고 있는데, 주요 수요층은 항공사의 상용 고객과 도심 출퇴근자라고 한다.

또한 2006년 8월에는 네덜란드의 아이렉스 테크놀로지에서 20.6센티미터 화면을 사용한 전자책 '일리아드'를 출시했는가 하면, 2007년 11월에는 아마존이 화제의 '킨들'을 내놓았다. 영국 플래스틱 로직이나 네덜란드 폴리머 비전 등도 구부리거나 휘어지는 플렉서블형 전자종이로 시장 진입을 준비하고 있다.

유비쿼터스 정보기기를 선도하는 업체는 미국의 켄트 디스플레이다. 2007년 4월, 콜레스테릭 액정 기술을 응용한 전자종이 표시판을 출시했는데 이것은 정보 전달용 서버와 디스플레이를 결합한 제품으로 무선 랜과 스테레오 스피커 장치까지 내장하고 있다. 무엇보다 선명한 색상과 휘어지는 구조로 인하여 큰 관심을 끌었다.

전자종이의 과제와 전망

그렇다면 전자종이가 종이처럼 우리 일상 속으로 들어오기 위해 해결해야 할 과제는 무엇일까?

우선 전자종이는 LCD 등의 다른 디스플레이에 비해 밝기나 선명도가 낮고, 응답속도가 느려 컬러나 동영상을 구현하기 어려우며, 수분이나 환경에 민감하다는 단점이 있다.

최근에는 이러한 단점을 해결하기 위해 휘어질 뿐만 아니라 전자의 이동도가 높아 동영상 구현 및 컬러화가 가능한 저온 폴리실리콘을 이용한 기술이 개발되고 있다. 2010년 5월, 미국 시애틀에서 열린 'SID 디스플레이 위크 2010' 전시회에서는 삼성전자와 LG디스플레이는 물론이고 PVI, 리쿼비스타 등 세계 전자종이 업체들이 컬러 전자종이를 대거 전시했다.

컬러 전자종이는 전자잉크를 비롯한 다양한 방법으로 구현되었는데, 세계 1위의 전자종이 업체인 대만 PVI는 9.7인치 SVGA급 $_{800 \times 600}$

해상도의 컬러 전자종이와 400×300 해상도의 6인치 컬러 전자종이를 선보였다. 리쿼비스타는 일렉트로 웨팅_{Electro Wetting. 색깔이 있는 기름과 물을 얇은 유리판에 끼워놓고 전기를 가하면 표면장력이 바뀌는 현상을 이용하여 화면을 제어하는 기술}을 이용한 6인치 컬러 전자종이를 전시했다. 이들 업체는 2011년부터 컬러 전자종이를 생산하겠다는 계획을 세우고 있다.

따라서 2011년부터는 전자종이가 흑백 위주의 전자책을 넘어 뉴스, 잡지 등 컬러 콘텐츠 구현이 필요한 다양한 분야에 응용되기 시작할 것이며, 전자책, 전자 리더기 등의 시장에서도 컬러 시대가 펼쳐질 전망이다.

아마존의 킨들이 미국에서 출시된 지 두 달 만에 30만 대가 판매되는 등 일반 소비자 시장에서 전자책 단말기가 성장 가능성을 보이면서 전자책의 판매 규모도 빠르게 늘어날 것으로 보인다.

이처럼 전자종이는 기록·통신·검색 등 디지털 처리의 장점이 있는 궁극적인 디바이스로서의 가능성을 내포하고 있으며, 전력 소모도 거의 없어 기대치가 계속 높아지고 있다.

한편, 우리나라는 TFT-LCD 등 디스플레이 강국임에도 불구하고 전자종이 등 플렉서블 디스플레이에 대한 기술 개발이 일본에 비해 늦어지고 있는 상황이다. 시인성_{표지나 대상물의 존재 또는 모양의 보기 쉬운 정도}에 영향을 주는 반사율 향상이나, 고화질화, 풀컬러화 대응 등 기술적 과제가 아직도 많이 남아 기술혁신의 여지도 크다. 따라서 전자종이의 원천기술 및 관련 구동회로, 부품들에 대한 기술 개발과 투자가 신속히 진행되어야 할 것이다.

한국 IT 기업도 당했다, 특허괴물

박찬수

2009년 7월, 미국의 인털렉추얼벤처스 사가 우리나라 IT 기업을 상대로 연 1조 원 이상의 특허 사용료를 요구했다는 소식이 언론에 보도되었다. 인털렉추얼벤처스는 미국에서도 대표적인 특허괴물로 꼽히는 회사다. 특허괴물이란 현재나 미래에 특허를 사용할 의사도 없으면서 특허를 이용해 막대한 돈을 벌려고 하는 기업을 가리킨다. 이들은 직접 연구개발을 하지도 않고 생산설비도 갖추지 않았으면서, 특허소송을 통해 거액의 로열티나 합의금을 받아 수익을 낸다. 이 사건은 우리나라의 IT 기업들도 특허괴물들의 무차별적인 공세로부터 자유롭지 못하다는 사실을 보여주었다.

기술의 융복합화가 진행될수록 하나의 신제품이 출시되는 데 필요한 특허의 수도 빠르게 증가한다. 따라서 아무리 첨단 기술을 자랑하는 기업이라도 신제품 개발에 필요한 모든 특허를 자체 개발하기란 사실상 불가능하다. 이를테면, 영상음향AV 기술의 경우, 1980년대 VHS 개발에 필요한 특허는 약 20건이었지만, DVD에 필요한 특허는 400건, 블루레이디스크Blu-ray Disc에 필요한 특허는 2,000건 이상이라고 한다.[5] 따라서, 신기술을 보급하기 위해서는 특허를 매도하거나, 필요한 특허를 한곳에 모아 적절한 가격으로 제조 업체에 라이센스하는 구조가 필요하다. 하지만 문제는 특허 유통시장이 제대로 갖추어져 있지 않다는 점이다.

미국에 등록된 특허의 40%를 차지하는 대기업이 95% 이상의 특허 라이센스 수입을 거두고 있으며, 나머지 60%를 소유하는 개인 발명가, 대학 등이 얻는 수익은 5%도 안 되는 것이 글로벌 특허 시장의 구조다.[6] 즉, 제조 업체는 필요한 특허를 어디서, 얼마에 구입할 수 있는지를 확인하기 어렵고, 기술을 보유한 기업이나 개발자 역시 기술을 어떻게 팔 수 있는지 알 길이 없는 것이다. 상황이 이렇다 보니, 신제품 개발을 위해서는 특허의 중개자를 자처하는 특허괴물과의 거래가 불가피한 실정이다. 심지어 특허괴물의 주된 공격대상인 제조 기업들조차도 효율적인 특허 관리를 위해 특허괴물을 이용할 수밖에 없는데, 실제로 일본의 5대 전자 기업 중 하나인 후지쓰도 2008년, 프로젝션 디스플레이 등 28개 영상 관련 특허를 인털렉추얼벤처스에게 매각한 바 있다.

취약한 유통구조, 전략적 특허 관리가 필요하다

특허괴물들은 또한 생물처럼 진화한다. 지금까지 특허괴물의 사업은 핵심 특허 중 저평가된 것을 찾아내어 이를 매입하는 데 집중되었는데, 최근에는 여기서 한발 더 나아가 필요하다고 판단되는 특허를 자체 개발하거나 출원 전 아이디어 단계에서 싸게 구입하는 방향으로 확장되고 있다. 특히 대학의 기술이 산업으로 이전되기 어려운 한국이나 일본 등지에서 활동 범위를 넓혀가고 있는 추세다.

인털렉추얼벤처스는 기존 특허괴물의 주요 사업인 특허 매입과 함께 자체 기술 개발을 통한 특허 확보나 대학의 아이디어 매입을 통한 특허의 공동 출원을 강조하고 있다. 50억 달러 규모의 자본금을 바탕으로 특허와 아이디어를 대량 매입하여 장기간 존립 가능한 트롤 비즈니스 모델을 구축하고 있는데, 단기 수익 중심의 IIFInvention Investment Fund는 IT 기술 중심의 특허를 매입하고 있으며, IDFInvention Development Fund 및 ISFInvention Science Fund는 특허 전 발명이나 아이디어 자산을 매입하는 것으로 알려져 있다. 인털렉추얼벤처스는 검색엔진, 연료전지 등의 분야에서 이미 상당한 수준의 기술역량을 갖추고 있으며, 자사가 보유한 특허 포트폴리오에서 결함이 발견되면 이를 자체 개발하거나 필요한 부분만 외주를 주어 보완하기도 한다.

특히, 최근에는 인털렉추얼벤처스의 IDF가 동아시아 국가들의 주목을 받고 있다. IDF는 한국, 일본 등 아시아권의 대학으로부터 아이디어를 입도선매하는 데 약 10억 달러의 금액을 배정한 것으로 알려졌다. 2009년 상반기에만 국내 주요 대학으로부터 약 270건의 아이디어를 매입했고 한 해 동안 아이디어 800건 매입을 목표로 하고 있다. 참고로 국내 대학이 등록하는 연간 특허 6,400여 건 중 사업적 가치가 있는 것은 820건13% 정도라고 하니,[7] 돈 될 만한 국내 아이디어는 싹쓸이 했다고 해도 과언이 아니다.

갈수록 진화하는 특허괴물의 무차별적인 공세에 우리 기업들은 어떻게 대응해야 할까? 먼저, 미래의 사업구조와 긴밀하게 연계된 IP지식재산 전략을 구축해야 한다. 주력 제품의 특허 포트폴리오를, 자체 개발이 필요한 기술과 특허를 매입해야 하는 기술, 그리고 외부와 협력하여 라이센스를 확보해야 하는 기술 등으로 나누어, 보다 철저히 점검하고 재구축할 필요가 있다.

둘째, 개방형 혁신 패러다임에 대한 선제적이고 적극적인 대응자세가 요청된다. 단순히 특허를 출원하고, 외부 업체와의 협력 건수를 늘리는 것으로는 부족하며, 개발성과를 공유하는 등의 다양한 협력방식을 고민할 필요가 있다는 뜻이다.

셋째, 동종 제조 업체들과 공동으로 대응할 필요도 있다. 2008년 미국의 10여 개 IT 기업들은 공동으로 RPX 코퍼레이션을 설립하고 특허괴물에 의한 특허소송 리스크를 감소시켰다. RPX는 회원사로부터 연회비를 받아 운영되며 필요한 특허를 선택적으로 매입하여 회원사에 대한 특허 침해소송을 방어하는 역할을 한다. 최근에는 인텔까지 가입하면서 회원기업 수가 약 40여 개로 증가했으며, 한국, 일본,

대만 기업들의 참여가 확대되고 있다.[8]

넷째, 보다 근본적으로는 개인 발명가나 소규모 기업의 기술개발에 대한 유인구조가 개선되어야 한다. 무형의 지식자산이 제 가치를 인정받을 때 자생적인 특허 유통시장이 형성되기 때문이다.

지식기반사회로의 전환이 가속화되면서 IP 전략은 기업의 핵심 경영전략으로 점점 강조되고 있다. 제조 기업의 입장에서는, 개별 특허 공격에 대한 방어와 같은 단기적인 이슈뿐만 아니라 근본적인 IP 전략 방향성에 대한 재검토까지도 필요한 시점이다.

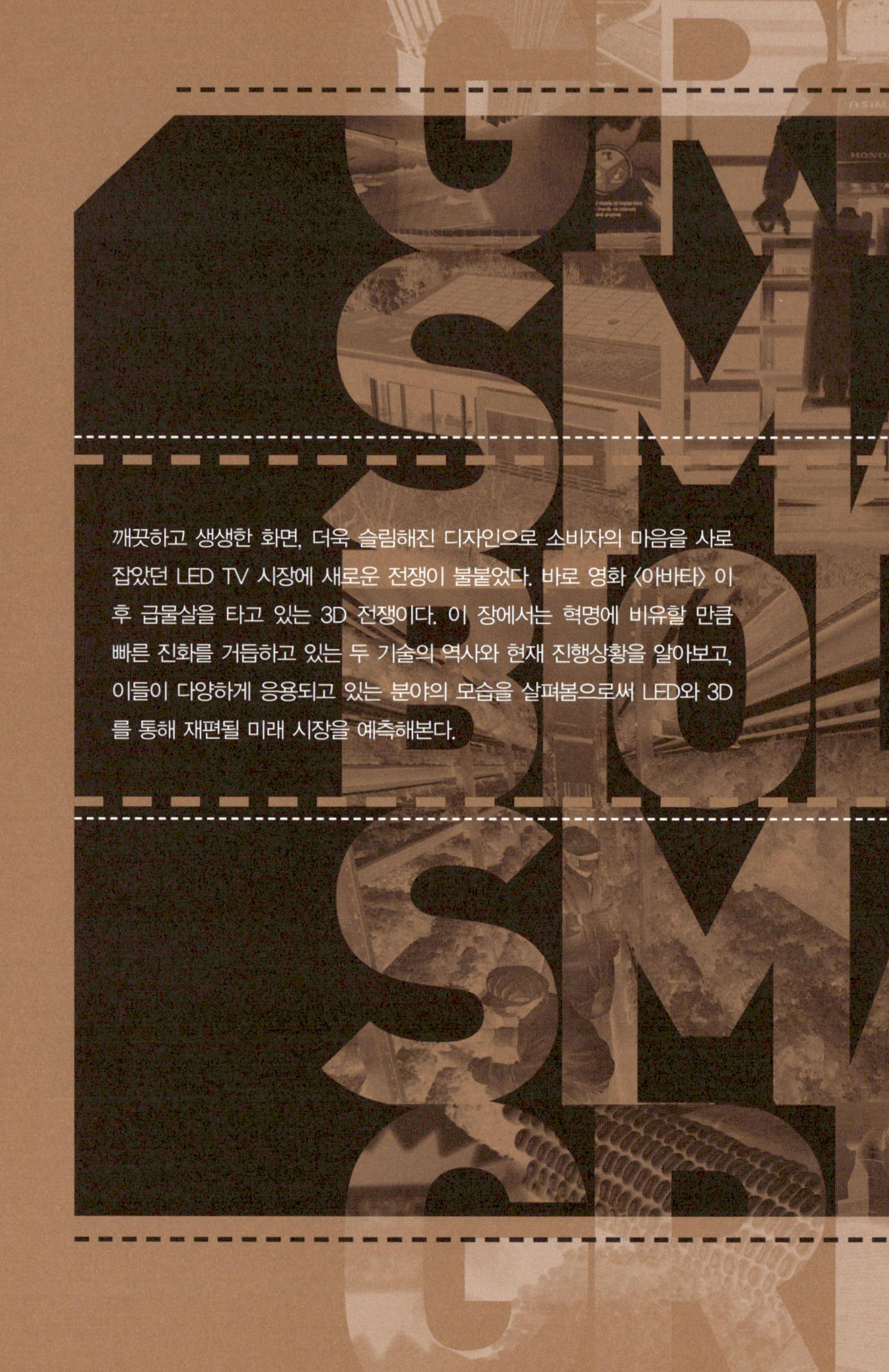

깨끗하고 생생한 화면, 더욱 슬림해진 디자인으로 소비자의 마음을 사로잡았던 LED TV 시장에 새로운 전쟁이 불붙었다. 바로 영화 〈아바타〉 이후 급물살을 타고 있는 3D 전쟁이다. 이 장에서는 혁명에 비유할 만큼 빠른 진화를 거듭하고 있는 두 기술의 역사와 현재 진행상황을 알아보고, 이들이 다양하게 응용되고 있는 분야의 모습을 살펴봄으로써 LED와 3D를 통해 재편될 미래 시장을 예측해본다.

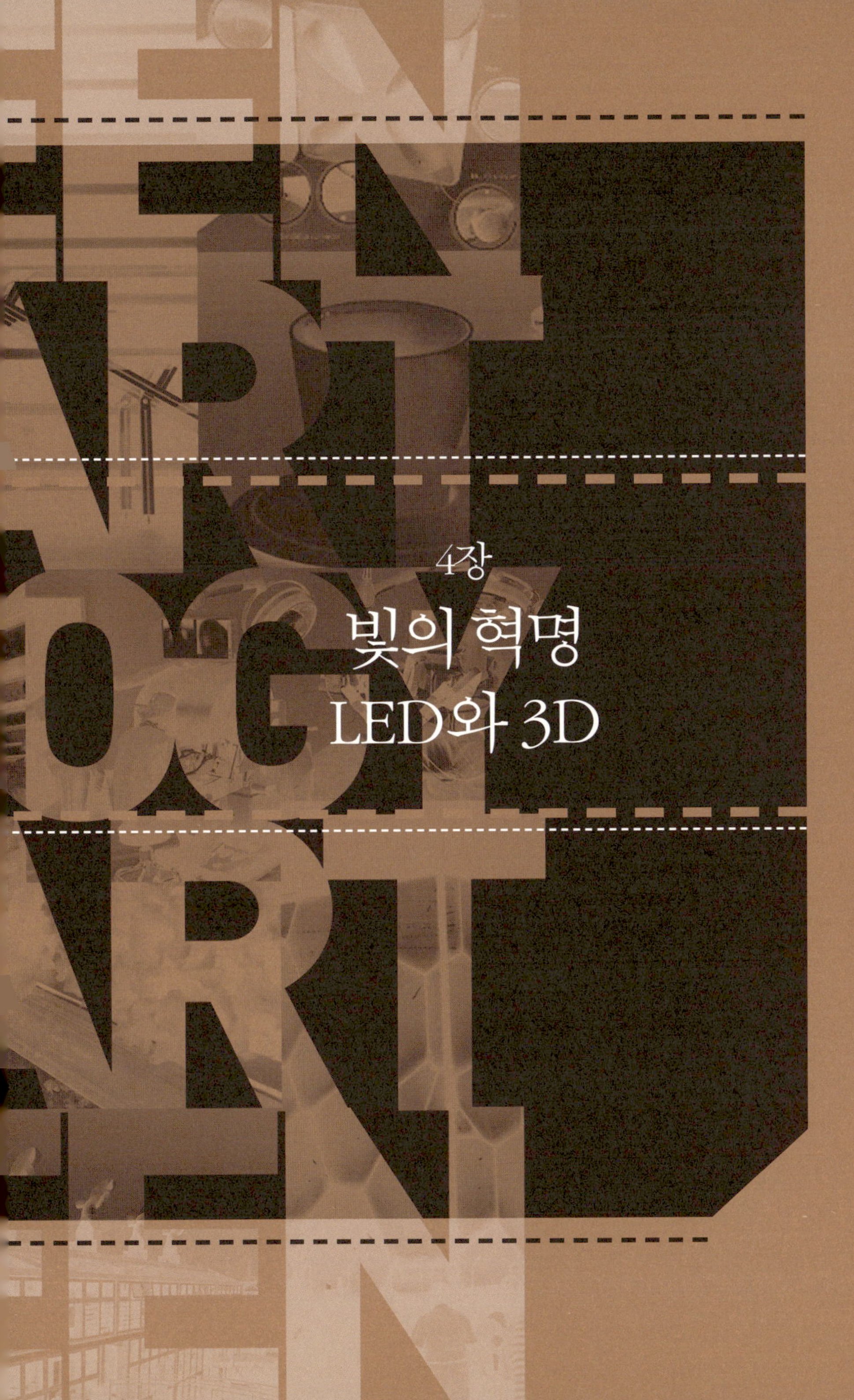

4장
빛의 혁명
LED와 3D

착한 조명, **LED 시대**를 준비하라

– 정동영

LED의
탄생과 진화

백열등이나 형광등과 같은 조명기기가 1년에 사용하는 전력은 2조 1,000억kWh 정도다. 이는 세계 전체 소비전력의 12~15%에 해당하며, 이로 인해 배출되는 이산화탄소도 연간 17억 톤이나 된다.[1]

이런 조명들을 LED 조명으로 바꾸면 어떨까? LED 조명은 백열등보다 발광효율이 5배나 높다. 다시 말해 전력 소비도 적고, 이산화탄소도 적게 배출하는 이른바 '착한' 조명이라 할 수 있다. 이러한 장점들로 인해 LED는 신호기와 전광 장식 등에 이용되어 왔으며, LED 소자의 성능이 향상된 2008년부터는 상업시설 등에서도 사용되었다. 미국과 유럽, 일본 등은 기존 조명을 LED 조명으로 대체할 계획이며,

특히 일본에서는 저가의 신제품들이 연이어 출시되면서 시장이 급성
장하는 추세다.

LED 조명은 1962년, 제너럴일렉트릭GE의 연구과학자인 닉 홀로냑
주니어Nick Holonyak, Jr가 발명했다. LED는 Light Emitting Diode의 약자
로 전압을 가했을 때 발광하는 반도체 소자를 말하는데, 열에 의한 손
실이 적고, 전원을 켜면 바로 빛이 나오기 때문에 전력 소비를 줄이는
데 큰 도움이 된다. 이후 LED는 여러 산업 분야에서 사용되었지만 초
기에는 적색과 녹색 LED만 개발되었기 때문에 조명 분야에는 응용되
지 못했다. 빛의 3원색인 빨간색, 초록색, 청색이 모두 모여야 백색의
빛이 만들어지는 특성 때문이다.

한편, 붉은빛이 나오는 적색 LED는 이후 밝기가 향상되거나 녹색
LED가 개발되는 등 발전을 거듭하여 광통신이나 우주선용 램프 또는
초기 휴대용 계산기의 디스플레이 등에 먼저 이용되기 시작했다.

LED 조명에 일대 변혁이 일어난 것은 1995년, 일본 니치아 사의 나
카무라 슈지中村修二가 청색 LED를 개발하면서부터다. 연구자들은 20세
기 중에는 실용화가 불가능할 거라고 여겨졌지만 나카무라 슈지는 발
광층을 정확히 쌓아올려 반도체 구조를 만듦으로써 1993년에 청색
LED를 실용화했다. 청색 LED가 적색, 녹색 LED와 합쳐져 백색광이 만
들어짐으로써 LED가 LCD나 핸드폰의 키패드에 쓰이는 BLUBack Light Unit
나 일반 조명기구로 활용되기 위한 조건이 만들어졌다.

그럼에도 불구하고 가격이 백열등이나 형광등보다 100배 이상 비
쌌기 때문에 일반 조명으로 이용되는 데에는 한계가 있었다. 이러한

한계를 뛰어넘은 것이 바로 일본의 조명 시장이다.

치열한 경쟁 속에 성장하는
일본의 LED 조명 시장

일본에서는 전자 업체는 물론 기계 및 화학 업체들까지 LED 조명 시장에 진입하고 있다. 2008년 11월, LED 조명 시장에 뛰어든 샤프는 2009년 6월, 아홉 개의 LED 전구를 출시했다. 밝기는 60W 백열전구와 같으나 발광효율이 5배 높고, 수명은 4만 시간으로 백열전구의 40배 수준에 달하는 제품이었다. 사양만 따지자면 기존 제품과 다를 바 없었지만 가격은 기존 제품의 절반 수준인 4,000엔이었다.

이 전구는 상당한 반향을 일으켰다. 예상보다 훨씬 많은 점포가 취급을 희망하여 전시용 집기를 추가하고 충분한 수량을 준비하기 위해 판매시기를 7월에서 8월로 늦췄고, 동시 판매 예정이던 조광조절 타입은 9월 말로 연기한 채 표준 타입만을 한정 판매해야 할 정도였다.

이렇게 되자 일본 조명 시장에서 선두를 달리고 있던 파나소닉전공과 도시바라이텍도 대응하지 않을 수 없었다.

파나소닉은 2009년 9월, 소비전력이 백열등의 8분의 1밖에 안 되고 수명이 19년이나 되는 '에버레즈' 전구를 출시했는데, 가격은 역시 LED 조명의 최저 가격이라 할 수 있는 4,000엔으로 책정되었다. 더욱이 월 5만 개 양산체제를 구축함으로써 시장 장악력도 크게 높였다.

2009년 3월, 백열등 전구에 상응하는 LED 전구를 1만 500엔에 처음 시장에 투입했다가 반응을 얻지 못했던 도시바라이텍은 샤프의 저가 LED 전구 출시에 대응하여 7월부터 4,000엔의 저가 LED 전구를 판매하기 시작했다. 한편, 9월에는 미쓰비시전기, 오스람과 NEC 라이팅이, 11월에는 히타치라이팅이 판매를 개시함에 따라 가전 판매점들이 LED 전구 코너를 따로 개설할 정도로 경쟁이 격화되었다.

이렇게 신구 업체 간 가격 경쟁이 시작되면서 일본의 LED 조명기기 시장은 급성장하고 있는데, 노무라 연구소는 2008년 133억 엔이었던 일본 LED 시장이 2012년에는 578억 엔으로 4배 이상 성장하고, 세계 LED 조명기기 시장에서 차지하는 비중도 10%에서 12%로 높아질 것으로 전망했다.

급성장 기대되는
LED 시장을 선점하려면

이렇게 업체 간 경쟁으로 성장을 거듭하고 있지만 아직도 LED 조명에는 해결해야 할 과제가 남아 있다. 가격이 여전히 높고, 직진성이 강하여 고주파점등HF형 형광등보다 어둡다는 점이다. 물론 수명이 길기는 하지만 기존 조명보다 수 배에서 수십 배나 비싼 현재의 가격은 일반 소비자에게 부담스러운 것이 사실이다. 이에 따라 원가절감을 위한 새로운 기술들이 발표되고 있는데, 도시바라이텍은 회로를 재검토하여 구성을 간소화하는가 하면, 로옴은 저출력 LED 400개를 연결하여 면광원을 실현하면서도 저렴하게 조달할 수 있는 LED 제품을 사용했다. 뿐만 아니라 LED 수가 많아져서 생기는 편차도 평준화했다.

또한 LED의 출력을 높이면서 발생하는 열을 처리하는 일도 심각한 문제로 대두되었다. 새로운 부품 배열 및 접합기술과 백색 형광등 재료의 개발이 중요한 연구과제가 되고 있다. 벤처기업인 사이백스는 발광효율 향상을 위한 방법으로 나노인프린트 기술을 사용해 빛의 방출효율을 높이는 방법을 제안하는가 하면, LED 조명 사업 신규 진출을 선언한 미쓰비시화학은 'm면-질화갈륨'이라는 새로운 기판재료를 사용한 칩으로 대폭적인 발광효율 향상을 꾀하고 있다.

이렇게 급성장하는 LED 조명 시장을 선점하기 위해 국내는 물론 세계 관련기업의 신규 참여가 잇따르고 있다. 세계 LED 조명 시장은 2009년 14억 달러 수준에서 2015년 500억 달러까지 성장할 것으로 예상되고 있다.[2]

국내 LED 조명 시장의 경우, 2009년 약 4,170억 원 규모[3]였던 것이, 정부가 2012년까지 공공기관 조명의 30% 이상을 LED 조명으로 교체하기로 하면서 수요 및 시장 규모가 확대될 것으로 전망된다. 이에 따라 삼성전기, LG이노텍, 서울반도체 등 대기업들이 이 분야에 진출하고 있다.

신기술 도입기에 시장을 선점하기 위해서는 경쟁사의 신제품 출시 및 가격 인하에 적극적으로 대응하는 전략이 필요하다. 또한 LED 조명은 아직도 많은 기술혁신이 필요한 만큼 LED 관련부품 및 조명기

기 분야의 핵심 기술을 확보하고, 업계의 기술 표준화에 주도적으로
참여해야 할 것이다.

제품에서 광光이 난다! '루미덕트'

– 장성원

LED와 디자인이
만났다

2008년에 열렸던 베이징 올림픽 개막식에서 세계적인 감독 장이머우는 5000년 중국 역사를 보여주는 도구로 4만 5,000개의 램프로 만든 두루마리를 선택했다. 또 50만 개의 램프로 변화무쌍한 모습을 연출한 수영경기장 '워터큐브'도 올림픽의 명물로 빛을 발했다. 한편, 실내 온도가 바뀌면 빛으로 알려주는 에어컨, 차가운 물이 나오면 파란빛, 뜨거운 물이 나오면 빨간빛이 나는 수도꼭지, 자신의 기분을 빛으로 표현하는 옷 등 영화에나 나올 것 같은 제품들이 점차 우리 생활에서 현실로 다가오고 있다.

이렇게 빛을 내는 제품을 '루미덕트Lumiduct'라고 한다. 루미덕트란

영어로 '빛나는'을 의미하는 'Luminous'와 '상품'을 나타내는
'Product'의 합성어로, 빛을 활용한 디자인 또는 빛을 콘셉트로 채택
한 제품을 뜻한다. 루미덕트의 핵심은 바로 '차세대 광원'이라고 불
리는 LED다.

전기에너지를 광에너지로 전환하는 반도체 발광소자인 LED는 기존
광원에 비해 많은 장점을 갖고 있다. 백열전구는 필라멘트가 달궈져야
빛이 나고, 형광등은 램프 내부의 형광물질에 전자가 부딪히는 간접적
인 방법으로 빛을 내는 반면, LED는 전류가 흐르기만 하면 바로 빛을
발하기 때문에 빛을 내는 데 필요한 시간이 짧다. 또한 반도체를 이용
한 조명이어서 전력 소모가 적고, 점처럼 작게 만들 수도 있다. LED가
없었다면 루미덕트를 실생활에서 접하기는 불가능했을 것이다.

생활 속에서 접하는
빛 디자인 제품들

빛을 활용하는 루미덕트는 전자제품에서 생활용품, 패션, 건축 등으
로 확산되며 새로운 유행 아이콘으로 급부상하고 있다. 에어컨, 휴대
폰, 노트북 등 전자제품의 경우, 기능에 빛이라는 시각적인 요소를 더
해서 신비롭고 감성적인 분위기를 연출한 루미덕트 제품들이 많이 선
보이고 있다. 삼성전자의 에어컨은 온도가 1도 내려가거나 설정한 온
도에 도달하면 에어컨 앞면에 있는 꽃과 나비 모양의 LED가 은은한

푸른빛을 낸다. LG전자의 휴대폰은 음악 모드에 따라 레드와 블루로 빛을 내고, 음악을 골라 듣기 위해 터치 휠을 돌릴 때마다 휠 주변에서 LED가 반짝이도록 디자인되었다. 폴더 전면에 수백 개의 LED를 배치해 이용자가 각종 이모티콘과 무늬를 자유자재로 만들 수 있게 한 휴대폰도 인기다. HP의 데스크노트북은 자판 내부에 은은한 빛을 내는 블루 LED를 장착했다.

빛을 활용해 디자인한 가전제품도 인기를 얻고 있다. 독일의 가전 업체 밀레는 에스프레소 커피머신에 푸른빛 LED을 달아 부드러운 빛이 커피 잔을 비추도록 디자인했다. 커피를 뽑으면서 커피를 흘리지 않도록 빛을 비추는 역할을 함과 동시에, 카페 같은 분위기를 연출할 수 있도록 만든 것이다. 생활 가전 업체 쿠쿠홈시스의 전기밥솥은 제품 정면의 표시화면이 세 가지 색으로 디자인돼 기능성을 높였다. 이 표시화면은 취사 상태에서는 빨간색, 보온 상태에서는 노란색, 예약 상태에서는 초록색 등으로 바뀌어 멀리서도 밥솥의 동작 상태를 쉽게 파악할 수 있다.

빛은 일상 생활용품에도 많이 활용되고 있다. 아메리칸스탠더드의 욕조는 내부에 LED 특수조명이 설치되어 있어서 안락한 분위기를 연출한다. 디자인뿐 아니라 심신의 긴장과 피로를 풀어주는 빛의 효능에 주목한 제품도 있다. 스페인의 유명 디자이너는 아침 햇살로 잠을 깨우는 베개를 디자인했다. 요란한 자명종보다 푸근한 햇살을 받으며 멋진 아침을 맞을 수 있게 한 것이다. 베개에 시간을 지정해놓으면 지정 시간 40분 전부터 빛이 서서히 뿜어 나오기 시작해 자연스럽게 기상을 유도하며 기상시간이 가까워올수록 빛의 강도가 강해진다.

중소기업인 숲엔들은 빛과 소리, 향기, 음이온을 활용해 심신의 긴장을 풀어주는 제품을 선보였다. 손목시계도 LED 빛을 디자인에 활용하고 있다. 유진인터내셔널은 자동차 디자인을 위해 활용하던 LED 램프를 손목시계에 적용한 LED 시계를 선보였다. 전면부에 원하는 메시지를 띄울 수 있는 이 제품은 영문 메시지를 최대 30자까지 입력할 수 있다. 우산대에 빛을 넣은 우산도 있다. 미국 엄브랠러의 LED 우산은 손잡이 하단에 있는 버튼을 누르면 우산대에 다양한 색의 빛이 난다.

빛과는 전혀 어울릴 것 같지 않던 패션 분야에도 빛이 활용되기 시작했다. 필립스는 잘 구부러지는 얇은 LED와 배터리를 섬유와 함께 직조한 발광섬유 '포토닉 텍스타일'을 선보였다. 이것으로 옷을 만들면 옷 위에 빛으로 다양한 무늬를 표현할 수 있다. 지난 2008 S/S 파리 컬렉션에서는 디자이너 후세인 샬라얀Hussein Chalayan이 공학자와 합작하여 LED 드레스를 선보였는데 모델들이 수백 개의 레이저가 달린 의상을 입고 무대 주변으로 강렬한 광선을 발산하는 장면을 연출했다. 프랑스의 디자인 기업인 루미그램은 건전지와 온오프 스위치가 달린 의상인 '루미톱'을 개발하여 각광을 받았다. 평소에는 그냥 입고 있다가 특별한 경우에만 스위치를 켜서 신비한 빛을 발하도록 조절할 수 있는 옷이다.

베이징올림픽에서 화제가 되었던 수영경기장 워터큐브의 외벽.

기능에 감성을
입혀라

루미덕트는 전자제품이나 생활용품에만 적용되는 것이 아니다. 건축물도 루미덕트가 될 수 있다. 2008년 베이징올림픽 경기장 중 가장 아름다운 경기장으로 선정된 '워터큐브'는 반투명으로 되어 있는 외벽에 조명을 설치하여 여러 형태의 조명 쇼가 가능하다. 네덜란드의 건축가 벤 반 버클Ben van Berkel이 디자인한 압구정동 갤러리아 웨스트도 밤이 되면 건물 전체가 시시각각 아름다운 조명을 연출해서 랜드마크로 자리 잡았다.

이 밖에 밤에도 볼 수 있도록 빛을 내는 컴퓨터 키보드, 태양광을 이용해 낮에는 빛을 받아 충전하고 밤에는 4색의 은은한 빛을 발산하는 화분, 불을 붙이거나 양초를 교체할 필요가 없는 촛불 모양의 티라이트, 은은한 조명이 분위기를 살리고 그 안에 들어 있는 얼음까지 반짝이게 만드는 와인 얼음통, 뜨거운 물은 빨갛게, 차가운 물은 파랗게 표시해주는 수도꼭지, 다이아몬드나 장미의 형태로 신비로운 분위기를 연출할 수 있는 조화, 반짝이는 반지, 모자, 안경 등과 같은 루미덕트를 일상에서 많이 접할 수 있다.

또한 각종 LED 응용기술을 활용한 프레임 소재, 외벽 소재, 플렉서블 필름 및 스티커 응용 소재, 광학 소재 등의 루미덕트들이 미래형 인테리어, 하이테크 산업과 연계해 인기를 누릴 전망이다.

이제 고객을 만족시키기 위해서는 완벽한 기능과 함께 감성을 제공해야 한다. 루미덕트는 한 차원 높은 시각적 감성을 추구하는 제품이라고 할 수 있다. 눈길을 끄는 디자인을 넘어, 아름다운 빛을 발해 고객을 더 적극적으로 유인하려는 전략인 것이다. 앞으로는 시각적인 감성을 청각이나 촉각과 적절히 결합하여 고객의 감성적인 니즈를 고차원적으로 만족시키는, 멋진 제품의 탄생을 기대해보아도 좋을 것이다.

빛의 혁명을 몰고 온 LED TV

– 이치호

가전업계의 새 바람
LED TV

삼성전자는 2009년에 얇은 두께의 40인치 이상의 LED TV를 출시하여 시장에서 큰 성공을 거두었다. 2009년 후반부터는 다른 전자회사들도 LED 백라이트를 채용한 LED TV를 선보이며 치열한 경쟁을 펼치고 있지만 아직까지 국내에서는 삼성전자와 LG전자가 LED TV 기술에서 업계를 주도하고 있으며 앞으로도 이들의 시장 지배력은 더욱 커질 것으로 전망된다.

일본 도시바는 2013년 3월을 기해 기존의 형광등 방식인 냉음극형광관CCFL 백라이트를 탑재한 액정 TV의 일본 판매를 종료하겠다고 발표했다. 타사보다 먼저 LED 백라이트로 전면 전환하여 소비자에게

환경 대응의식이 높다는 인식을 심어주려는 전략인 듯하다. 얇은 두께와 저전력 소모를 앞세워서 시장에서 좋은 반응을 보이고 있는 LED TV의 정체는 무엇일까?

흔히 평판 TV라고 하면 LCD TV와 PDP TV를 말한다. PDP는 얇은 유리 두 장 사이에 있는 플라즈마라는 물질에 높은 전압을 걸어서 색색의 빛을 내는 것이고, LCD는 백라이트에서 빛을 쏴 유리판 사이에 있는 액정이 영상을 보여주는 원리다.

이중 LCD TV의 변종으로 나온 것이 바로 LED TV로, 화면 뒤에서 빛을 쏘아주는 백라이트의 종류에 따라 분류된다. 일반 LCD TV가 형광등의 일종인 냉음극형광램프를 사용하는 데 반해, LED TV는 빛을 내는 반도체인 LED를 사용한다. 아직은 일반 LCD TV보다 25~30% 정도 가격이 높지만 보급이 가속화되면 가격 차이는 계속해서 줄어들 것으로 예상된다.

참고로 유기발광다이오드라 불리는 OLED도 있다. OLED는 LED TV나 LCD TV와 달리 백라이트가 필요 없고, 형광소자가 자체적으로 빛을 내서 영상이 표현되는 것으로, 대형 디스플레이로 구현하기 위한 개발이 한창 진행 중이다.

초고화질, 초박형으로
소비자에게 어필한다

사람들이 LED TV를 극찬하는 데에는 그만한 이유가 있다. 먼저 LED TV는 초고화질이다. 화질을 결정하는 주요 변수는 빛의 응답속도와 명암비율인데, LED TV는 반도체를 백라이트로 사용하기 때문에 이를 극대화할 수 있다. 또한 LED TV는 환경 친화적이다. 수은이나 납과 같은 유해물질을 사용하지 않고, 또 고효율의 LED를 사용하기 때문에 소비전력이 기존의 LCD TV에 비해 40%나 낮기 때문이다.

LED TV는 또 구현방식에 따라 LED를 옆에 배치해서 초슬림 디자인으로 구현할 수도 있다. 실제로 삼성전자는 6.5밀리미터 두께의 LED TV를 공개했다.

시장에 출시된 LED TV는 LED의 광원의 위치와 종류에 따라서 분류할 수 있는데, 광원의 위치에 따라서는 직하형과 에지형으로 나눌 수 있다.

직하형은 LED를 화면 뒷면에 붙여서 정면으로 빛을 쏘는 방식이고 에지형은 LED를 막대 타입으로 만들어 TV 옆면에 붙여서 옆으로 빛을 쏘는 방식이다. 빛을 정면으로 쏘는 직하형은 에지형보다 LED를 많이 사용하기 때문에 원가가 비싸고 두꺼울 수밖에 없다. 하지만 화면 영역에 따라 LED를 켜거나 끌 수 있는 영역발광 제어로 인해 화질이 좋고 소비전력이 낮은 것이 장점이다. 영역발광 제어 기술은 아직 발전하고 있는 중이다.

반면 에지형은 LED가 옆에 붙어 있기 때문에 소비자들이 추구하는 얇은 두께의 TV를 구현할 수 있다. 하지만 LED의 열로 인해 도광판이나 섀시가 휘는 현상이 발생할 수 있어 이 부분을 해결하기가 쉽지 않은 것이 단점이다.

요즘 TV 시장에서는 에지형의 강점인 박형화가 소비자에게 어필하여 당분간은 에지형이 LED TV 분야에서 강세를 점할 것으로 전망된다. 하지만 영역발광 제어 기술이 발전하고 LED의 가격이 낮아지면 직하형의 비율이 높아질 것이다.

LED TV는 광원의 종류에 따라서도 분류되는데, 기본색인 빨간색과 초록색, 파란색을 모두 사용하는 'RGB LED'와 하얀색 광원만 쓰는 '화이트 LED'로 나뉜다. RGB LED는 세 가지 색을 모두 사용하기 때문에 화이트 LED에 비해 색온도 제어 등 색을 내는 효과가 뛰어나지만 가격이 비싼 것이 단점이다. 화이트 LED는 RGB LED보다 칩 개수가 적어 원가가 낮고, 온도 상승에 따른 색 변화가 RGB 방식보다 적은 것이 장점이다. 현재 기술적으로 RGB 방식의 큰 장점인 색 재현성 부분을 화이트 LED가 많이 따라잡은 상황이다.

핵심 부품의 기술 개발과 가격이 가장 큰 과제

LED TV의 보급이 더욱 확산되기 위해서는 풀어야 할 숙제도 많다.

LED 부품에 대한 원천기술이 대부분 일본과 유럽, 미국에 있다는 것이 가장 큰 장애다. 향후 생산능력이 커지거나 해외시장을 개척할 때 부담으로 작용할 가능성도 염두에 두어야 한다.

또한 핵심 부품인 LED의 가격이 빨리 낮아져야 한다. 먼저 발광효율과 액정 패널의 투과율을 향상시켜 LED 칩의 수를 줄여야 할 것이다. LED 칩 외에도 도광판, 휘도 향상을 위한 필름 등 LED 백라이트에 사용되는 부품들의 가격을 낮추는 방안도 모색해야 한다.

최근 LED 산업계는 전후방 산업 간의 수직통합화를 이루어 안정적인 공급과 품질 확보를 꾀하고 있다. 삼성전자와 LG전자는 각각 삼성 LED와 LG이노텍으로부터 LED 칩과 모듈을 공급받는 수직통합화를 이루어 이를 바탕으로 핵심 기술 개발에 주력하고 있다.

금융위기의 영향을 받아 주춤하던 가전업계는 LED TV 등 신제품을 통해 위축된 수요를 끌어올리는 데 매진하고 있다. 국내 가전 업체가 LED TV 분야 등에서 약진하여 새로운 수요를 창출하고 TV업계를 장악하기를 기대한다.

3D 혁명, TV로 들어오다

- 박성배

3D의 발전 주도하는
영화 산업

2009년 12월 개봉된 3D 영화 〈아바타〉가 전 세계적으로 흥행하며 세간에 큰 화제를 몰고 왔던 것은 입체안경 너머로 보이는 손에 잡힐 듯 생생한 화면 때문이다. "하나의 생이 끝나고 또 다른 생이 시작된다"는 영화 속 주인공의 말처럼, 세상은 3D를 통해 새로운 변화를 맞이하고 있다.

사실 3D 기술의 역사는 170년이 넘는다. 1830년대 좌우 다른 각도의 거울을 이용하여 사물을 입체적으로 볼 수 있게 한 입체경이 3D 기술의 시초라 할 수 있다. 1915년 뤼미에르 형제Les Lumiéres가 최초의 3D 영화를 소개한 이후 3D 영화는 지금까지 크게 세 차례 정도 화제가 되었다.

첫번째는 1950년대로 TV가 널리 보급되면서 영화 시장에 관객이 줄어들자 3D 영화가 도입되었는데, 1952년 개봉된 영화 〈브와나 데블〉에서는 사자가 으르렁거리는 장면을 3D로 보여줌으로써 사람들을 놀라게 했다.

3D가 두 번째 주목을 받았던 시기는 1980년대다. 〈죠스〉나 〈13일의 금요일〉 같은 영화가 3D로 제작되면서 다시 세간의 관심을 끌었는데, 그때까지도 입체값 설정의 문제, 불량 안경 등으로 어지러움증을 유발하거나 입체감이 제대로 살지 못하는 경우가 많아 금방 시들해졌다.

그러나 2000년대 들어 디지털 스크린의 확산과 디지털 시네마의 도입으로 실사 영화에 컴퓨터그래픽 기술의 접목이 쉬워지고 촬영장비가 획기적으로 개선되면서, 기술적인 완성도가 높은 3D 영화들이 제작되기 시작했다. 이를 배경으로 〈폴라 익스프레스〉2004년, 〈잃어버린 세계를 찾아서〉2008년 등 수준 높은 3D 영화가 제작되었다.

그중에서도 〈아바타〉는 놀랄 만큼 생생한 입체 영상을 선보이며, 평면영화에서 입체영화로의 전환점을 마련했다. 이는 과거 무성영화에서 음성영화로, 그리고 흑백영화에서 컬러영화로 전환된 것에 필적할 만한 사건이었다.

TV시장의 성장 견인할
안방극장의 3D

영화에서 시작된 3D 붐은 이제 TV를 타고 안방으로 들어오고 있다. 글로벌 TV 업체들은 TV 시장의 지속성장을 견인할 제품으로 3D TV를 주목하고 있다. 물론 3D로만 시청하는 TV가 아니라 평소에는 2D로 시청하다가 필요할 때만 3D로 전환할 수 있는 '3D 레디Ready' 개념의 3D TV를 출시하여 기존 2D TV 대비 20~30%의 프리미엄을 확보한다는 계산을 깔고 있다.

특히 소니, 파나소닉 등의 일본 업체들은 3D를 통해 삼성과 LG를 넘어서겠다며, 3D TV 사업을 강력하게 추진하고 있다. 이들은 특히, LED TV의 주도권을 삼성에 빼앗겼다고 판단하고, TV 시장의 무게중심을 LED TV에서 포스트 LED, 즉 3D TV로 옮기고자 시도하는

킨텍스에서 열린 '2010 한국 전자전'에서 3D LED TV를 시청하는 관람객들.

중이다.

실제로, 파나소닉은 2010년 일본에서 출시하는 PDP TV 전 사이즈에 '3D 레디' 기능을 탑재했다. 소니는 소니엔터테인먼트와 연계하여 3D 콘텐츠와 3D TV의 시너지 창출을 도모하고 있다.

한편, 삼성전자와 LG전자 등 국내 업체도 3D TV에 발빠르게 대응하는 중이다. 삼성전자는 2010년 세계 최초로 3D LCD/LED/PDP를 동시 출시하여 3D TV 시장에서도 1위 기업의 위상을 이어가고 있다. LG전자의 경우, 2009년 하반기부터 3D TV를 출시하는 등 선제적 대응을 하고 있다.

3D TV를 구현하는 세 가지 기술

그렇다면 3D TV는 어떤 방식으로 구현될까? 3D TV 기술은 크게 세 가지로 구분할 수 있다.

우선 TV에서 좌우 영상을 교대로 보내주는 시분할 방식이 있다. TV 신호에 맞춰 좌측과 우측의 렌즈가 열리고 닫히는 '셔터형 안경'을 사용하는 방식이다. 개당 100달러 내외의 셔터형 안경을 사용해야 하고 데이터의 전송량이 2배로 증가한다는 부담이 있지만, TV용 패널을 생산할 때 별도의 편광필름을 사용하지 않아도 되고 해상도가 유지되는 것이 장점이다.

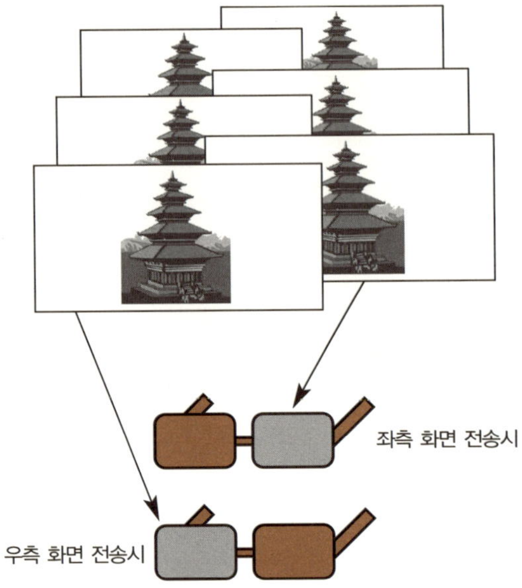

두 번째로는 패널에 촘촘히 박혀 있는 화소들을 절반씩 혹은 격자 형태로 나누어 좌우 신호를 송출하는 편파분할 방식이 있다. 값싼 편광안경을 쓸 수 있다는 장점이 있으나, 값비싼 마이크로 편광필름을 부착해야 하고 해상도가 2분의 1 또는 $\sqrt{2}$분의 1 정도로 낮아지는 단점이 있다.

마지막으로 소개할 무無안경 방식은 패럴랙스 버리어Parallax Barrier. 화면 앞에 벽을 세워 왼쪽 눈이 보이는 부분과 오른쪽 눈이 보이는 부분을 구분하여 3D 화면을 구현하는 방식 또는 렌티큘러 렌즈Lenticular Lens. 화소별로 굴절렌즈를 부착하여 좌우측의 화면이 구분되어 상이 맺히는 방식를 부착한 특수 패널을 이용하여 안경 없이도 3D를 즐길 수 있게 하는 방식이다. 화소들을 좌우로 나누어 신호를 보내되

표시 방식	Line by line	Check board
개요		
해상도	△	○
	수직 해상도가 1/2로 저하	수평/수직 해상도가 $1/\sqrt{2}$로 저하
데이터량	○	○
	현행 TV와 동일	현행 TV와 동일
제조비용	△	△
	약 30% 증가	약 30% 증가

좌측 신호는 왼쪽 눈에, 우측 신호는 오른쪽 눈에 상이 맺히도록 각도를 조절하는 것이다. 아직은 기술적으로 불안정하고, 특정 거리에서만 시청이 가능한 수준이다. 시청 가능한 지점을 늘리기 위해서는 해상도를 낮춰야 하는 어려움이 있고 3D로만 시청해야 한다는 것이 단점이다.

■ 무안경 방식의 개념도

패럴렉스 버리어 방식

렌티큘러 렌즈 방식

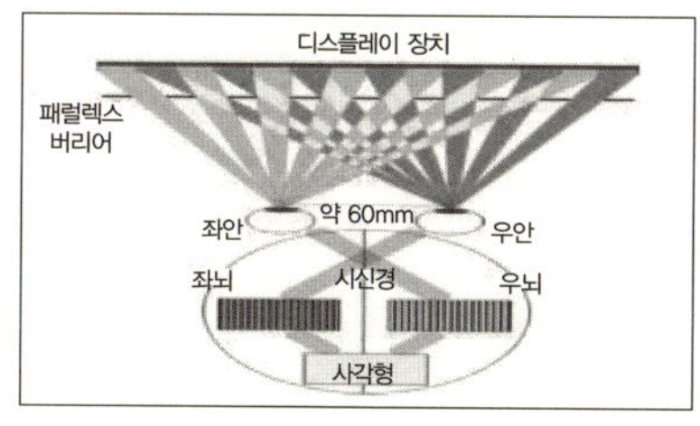

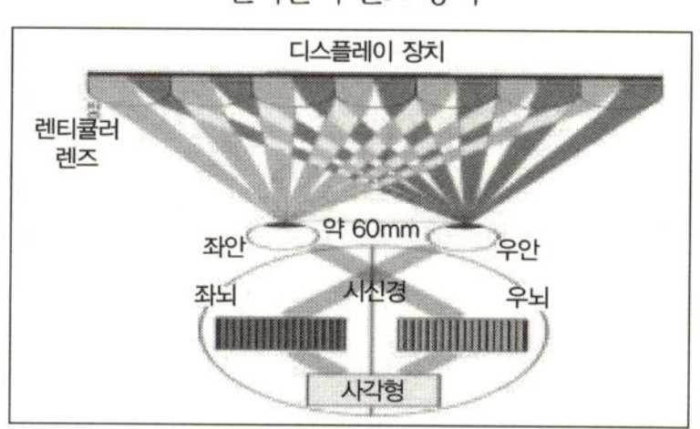

자료 : 오승환 외(2010. 3). "다양한 디스플레이 장치들의 이해와 응용." 〈마이크로 소프트웨어〉

단기적으로는 2D와 3D의 전환이 가능하고 해상도의 손실 없이 풀 HD 3D 구현이 용이한 '시분할 방식'의 안경 착용 기술이 보편화될 것으로 전망된다.

■ 3D 기술별 장단점 비교

구분	안경 방식		무안경 방식
	시분할 방식	편파분할 방식	
2D/3D 시프트 가능 여부	가능	가능	불가
3D 해상도 (풀 HD)	양호	부족	부족
동영상 구현	양호	양호	가능
추가 제조비용	안경 비용 추가 (개당 100달러 내외)	마이크로 편광필름 추가	단기 양산 어려움

3D 확산의 가장 눈에 띄는 결과는 방송, 영화, 애니메이션, 게임 등 콘텐츠 시장에서부터 3D 상영관, 3D 컨버팅, 3D 안경 등 3D 관련 인프라 시장과 3D TV, 3D 블루레이 플레이어 등 가전 시장까지 폭넓은 분야에서 새로운 기회가 창출되고 있다는 사실이다.

시장이 이처럼 빠르게 성장하는 것은 관련업계 입장에서 볼 때 반가운 일이다. 하지만 주도권 경쟁도 매우 치열하게 전개될 것이다. 과거 TV 시장이 아날로그에서 디지털로 전환되는 과정에서 우리 기업이 선진 기업을 추월했듯이, 3D라는 새로운 국면 전환기에도 한국 기업이 많은 부문에서 선전하기를 기대한다.

3D 프린터가 바꾸는 세상[4]

– 김정우

입체 조형물 만들어내는
3D 프린터

2차원 영상보다 입체감과 실제감이 돋보이는 3D 영상을 선호하는 소비자의 니즈가 반영되면서 본격적인 3D 시대가 개막되었다. 이런 흐름 속에서 3D 프린터까지 등장하고 있다. 3D 프린터는 종이에 인쇄하는 일반 프린터에 익숙한 사람들에게는 좀 황당하게 들릴 수도 있는 제품이다.

잉크나 레이저로 종이 위에 그림이나 글자를 찍어내는 일반 프린터와 달리, 입체 조형물까지도 만들어낼 수 있는 혁신적인 프린터로, 앞뒤는 물론 좌우와 깊이까지도 구현해내는 것이 특징이다. 3D 프린팅의 구현방식은 레이저로 플라스틱, 고무, 석회, 티타늄 등을 녹인 후

모형에 맞춰 한 층씩 쌓아 제품을 만드는 것으로, 재료를 깎아 만드는 공작기계와 달리 복잡한 내부 구조를 가진 물체를 만들 수 있다는 것이 가장 큰 장점이다. 활자를 인쇄하듯 운동화 밑창을 만들 수 있을 뿐만 아니라 나만의 휴대폰 케이스, 내 취향의 인형, 잃어버린 희귀한 부품 등 모든 입체물을 제조할 수 있다.

3D 프린터로 찍어낸 입체 조형물.[5]

　3D 프린터는 의료용으로도 활용되고 있다. 특히, 2006년에는 미국에서 샴쌍둥이 분리 수술에 3D 프린터가 이용되어 큰 화제가 되었다. CT나 MRI로 샴쌍둥이의 신체조직을 촬영한 후, 3D 프린터를 이용해 분리할 부분을 미리 제작하여 의사가 미리 미세혈관까지 만져본 후 수술을 한 것이다. 덕분에 100시간에 가까웠던 기존의 샴쌍둥이 분리 수술시간이 22시간으로 단축되었다.

3D 프린터가
제조업의 판도 바꾼다

누구나 손쉽게 데이터를 생산하고 공유하는 사용자 참여 중심의 인터넷 환경을 웹 2.0이라고 한다. 이와 유사한 개념으로 사용자가 직접 제품을 만든다는 의미가 담긴 제조 2.0이라는 말이 있다. 이렇게 다품종 소량의 개인 생산체제를 의미하는 제조 2.0 시대를 가능하게 하는 것이 3D 프린터다. 3D 프린터의 등장은 제조업계에 큰 혁신을 불러올 것으로 여겨지고 있다. 그 이유는 무엇일까?

우선은 아이디어를 정확하게 전달할 수 있기 때문이다. 기존 제조업계에서는 소비자의 창조적인 발상을 업체에 정확히 전달하기 어려웠던 것이 사실이다. 하지만 이제 소비자는 3D 프린터를 이용해 자신의 생각을 표현할 수 있게 되었다. 따라서 3D 프린터의 보급과 확대는 기업들이 소비자의 요구를 이해하는 데 큰 도움이 될 것이다.

둘째는 생산성이 향상될 것으로 기대되기 때문이다. 3D 프린터는 복잡한 모형의 제작을 가능하게 할 뿐만 아니라, 설계도를 수정하기만 하면 변형된 모형까지 쉽게 만들 수 있어 수정 단계가 매우 간소하다. 수정 단계가 짧아지면 개발시간이 단축되고 생산의 유연성까지 확보할 수 있어 기업의 경쟁력은 한층 높아질 것이다.

또한 나만의 제품을 가질 수 있다는 것도 큰 장점이다. 개인이 자신만의 영상물이나 콘텐츠를 만들듯이, 제품을 만들어낼 수 있다는 점에서 3D 프린터는 소비자들에게 아주 매력적인 상품이다. 3D 프린터

로 제품을 만들고 아름답게 색칠하여 나만의 소장품을 만들 수도 있
고 지인들에게 선물할 수도 있다. 예를 들면, 휴대폰 배터리 케이스를
분실했을 경우 인터넷에서 설계도를 다운받아 바로 3D 프린터로 만
들거나 수리할 수 있고, 개성 있는 모양의 PMP, 휴대폰 등을 자신이
직접 디자인하고 설계하여 제작하는 것도 가능하다.

IT업계를 바꿀
10대 트렌드에 선정

이렇게 혁신적인 3D 프린터의 활용성을 반박할 사람은 별로 없을
것이다. 하지만 가격이 만만치 않을 것이라는 생각에 소비자들이 쉽
게 접근하기 어려운 것도 사실이다. 실제로 3D 프린터는 주로 산업용
으로 제작되어 한 대당 약 100만 달러 이상 하는 고가의 제품이었다.

하지만 3D 데이터만 있으면 원하는 모든 형태의 부품 파트 제작이
가능한 FDMFused Deposition Modeling 기술을 보유하고 있는 미국의 3D 프
린터 전문업체 스트래터시스가 최근 뛰어난 영업능력과 넓은 유통망
을 가진 휴렛패커드와 결합하면서 2010년 하반기에 데스크톱용 3D
프린터를 내놓겠다고 발표했다. 그들이 예상하는 가격은 기존 산업용
의 100분의 1 수준인 1만 달러 정도라고 한다.

2009년에 출시한 uPrint 3D 프린터도 1만 5,000달러까지 가격이
낮아진 상태이고, 흑백 모형만 만들 수 있다거나 소형 제품만 프린트

가 가능하다거나 하는 옵션에 따라 가격의 폭은 더 넓어질 것으로 예
상되어, 향후 3D 프린터의 가격경쟁력은 더욱 힘을 얻을 것으로 보인
다. 실제로 MakerBot Industries라는 회사의 CupCake CNC Kit구매자
가 직접 조립할 수 있도록 스텝모터, 메인보드, 벨트 등이 포함된 DIY 키트는 1,000달러 이하
에 판매되고 있으며, 관련 소모품도 같이 공급되고 있다.

시장조사 전문기관인 가트너Gartner는 2008년 1월 향후 IT업계를 바
꿀 10대 트렌드를 발표했는데 그 중 하나로 3D 프린터를 지목했다.
응용 분야가 확대되고 제품의 저가화가 급속히 진행되고 있는 점을
고려해볼 때, 3D 프린터의 발전 가능성은 매우 크다고 볼 수 있다.

의료 분야, 문화재 복구, 예술작품에 활용될 뿐만 아니라 소비자가
원하는 디자인, 개성이 반영된 맞춤형 제품 등 활용 가능한 분야는 무
궁무진하다. 향후 3D 프린터의 보급이 확대될 가능성이 높은 상황에
서, 3D 프린터 관련기술 동향과 활용 분야뿐 아니라 연관 서비스 등
에 대해서도 지속적인 관심을 가지고 지켜봐야 할 것이다.

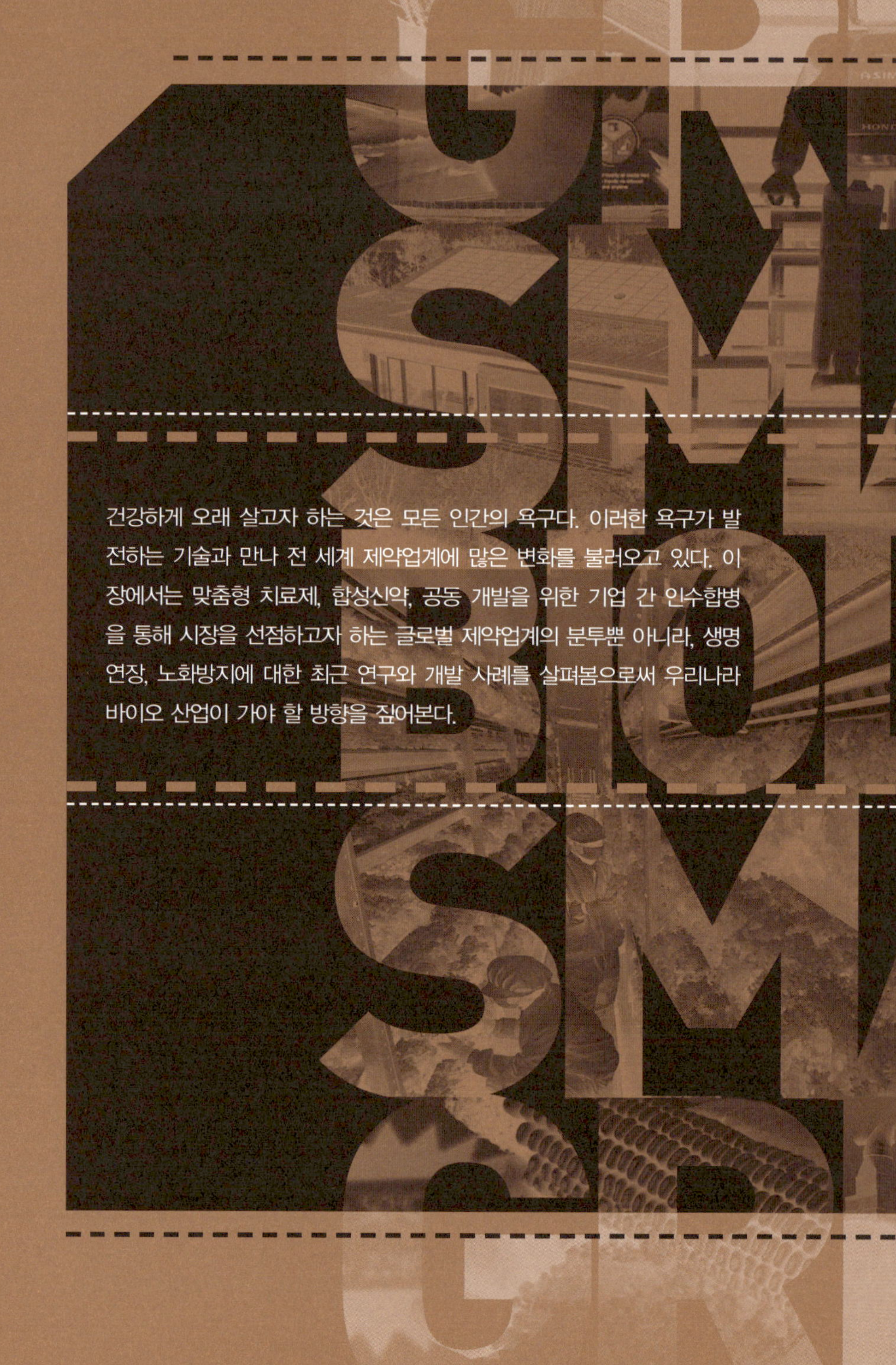

건강하게 오래 살고자 하는 것은 모든 인간의 욕구다. 이러한 욕구가 발전하는 기술과 만나 전 세계 제약업계에 많은 변화를 불러오고 있다. 이 장에서는 맞춤형 치료제, 합성신약, 공동 개발을 위한 기업 간 인수합병을 통해 시장을 선점하고자 하는 글로벌 제약업계의 분투뿐 아니라, 생명 연장, 노화방지에 대한 최근 연구와 개발 사례를 살펴봄으로써 우리나라 바이오 산업이 가야 할 방향을 짚어본다.

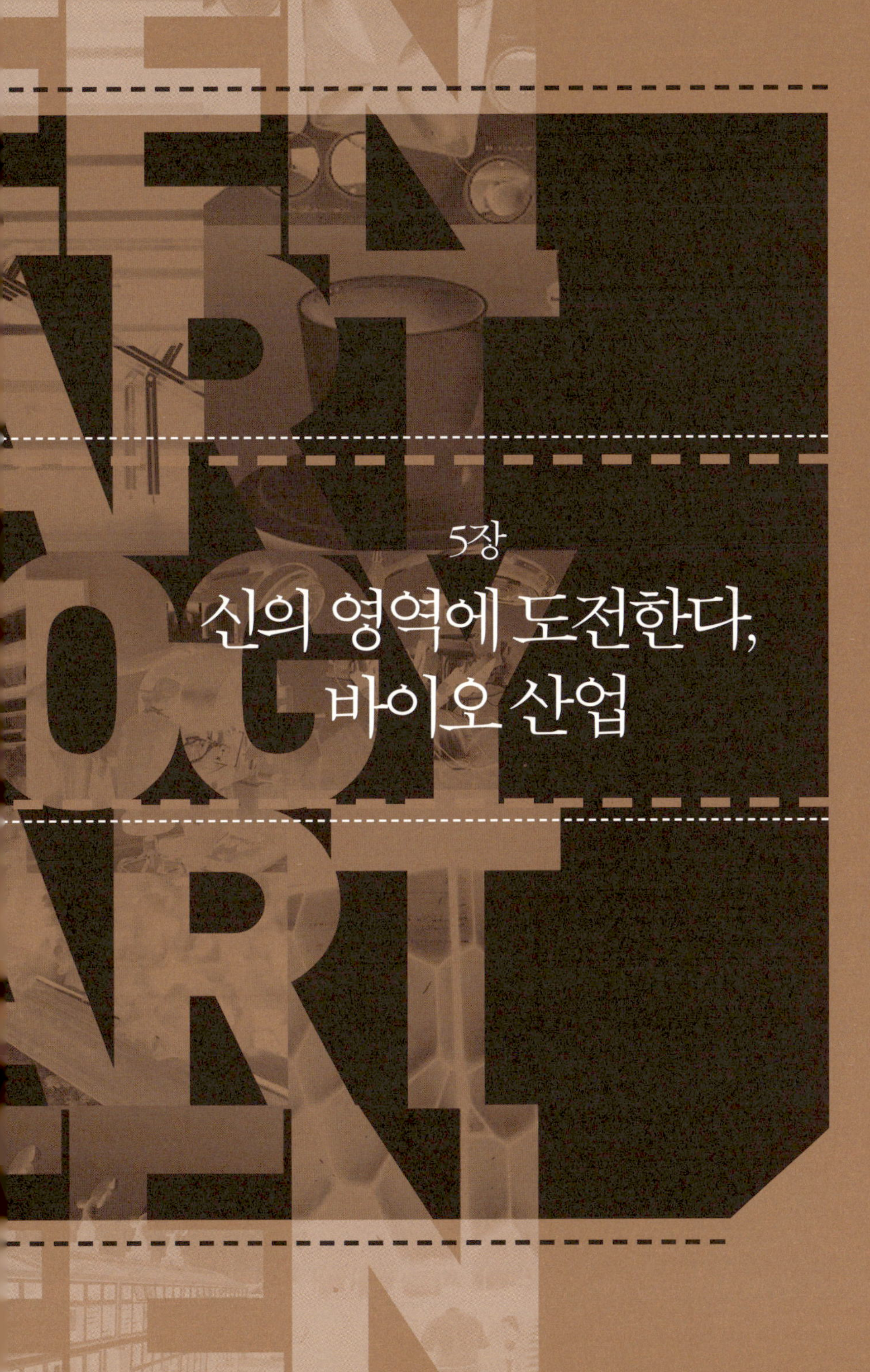
5장
신의 영역에 도전한다,
바이오 산업

제약 시장의 판도 변화, **바이오 신약**

– 고유상

'파괴적 혁신'에 직면한
제약업계

하버드 경영대학원의 클레이튼 크리스텐슨Clayton M. Christensen 교수는 1997년에 출간한 《승자의 딜레마The Innovator's Dilemma》에서 '파괴적 혁신Disruptive Innovation' 이란 개념을 처음 제시했다. 이는 전자 산업의 경쟁 구도 변화를 연구하면서 처음 만들어낸 용어지만, 이 개념을 적용해 2008년 헬스케어 산업이 파괴적 혁신에 직면해 있다는 내용을 담은 《혁신기업의 처방The Innovator's Prescription》을 발표하여 큰 화제를 모았다.

크리스텐슨 교수는 제너릭Generic, 즉 모방약에 의한 가격파괴와 개별화 의료 추세에 따라 제약 산업의 경쟁구조가 근본적으로 변화하고 있다고 주장했다. 그렇다면 제약 산업에 불고 있는 산업구조의 근본적인 변화 방향은 무엇일까?

전통적인 제약 산업은 메이저 제약사들이 고혈압, 고지혈증 등 만성질환용 합성신약을 중심으로 경쟁을 벌이는 구조였다. 그런데 이런 산업구조에 변화가 일고 있다. 글로벌 상위 10대 메이저 제약사 매출의 평균 42%가 2012년까지 특허가 만료될 예정으로[1] 제너릭과의 가격 경쟁에 직면한 것이다.

엎친 데 덮친 격으로 월마트, 월그린 같은 대형 유통업체들이 제너릭 의약품을 파격적인 가격에 판매하면서 시장을 잠식하고 있다. 월그린에서는 제너릭 400여 종의 품목 90일분을 겨우 12.99달러에 판매하고 있다. 게다가 미국에서 연간 개발되고 있는 혁신적인 신약 중 대형 제약사가 개발한 것은 약 30%에 불과하며 나머지 70%는 신생 바이오 제약 기업에서 개발하는 실정이다.[2] 따라서 메이저 제약사들이 주도하던 제약 시장에 엄청난 변화의 바람이 일 것으로 전망된다.

맞춤형 신약과 동반 진단제 개발이 대응책

이런 상황에서 제약 기업들이 내놓을 수 있는 대응책은 크게 두 가지다.

먼저, 개인 맞춤형 바이오 신약을 개발하는 것이다. 맞춤형 신약 개발은 말 그대로 환자의 개별 상태에 맞게 최적화된 바이오 신약을 의

미하며, 암·치매 등 기존 치료제가 효과를 발휘하지 못했던 분야에서 연구가 진행되는 중이다.

바이오 항암제의 경우 시장의 규모가 매년 20%씩 커지고 있고, 2008년 기준으로는 390억 달러 규모의 큰 시장을 형성하고 있다. 1998년 출시된 '리툭산', '허셉틴' 등 1세대 바이오 항암제의 매출은 매년 10%씩 여전히 성장하는 중이고 만성백혈병 치료제인 '글리벡'은 투약 환자의 7년 생존률을 86%로 높이며 탁월한 효과를 자랑한 결과, 2008년에 37억 달러의 매출을 기록했다.[3]

개인의 유전적 특성에 따라 개발되는 맞춤형 바이오 신약은 일단 개발되기만 하면 승자독식도 가능하다. 게다가 기존의 합성신약과 비교했을 때 개발이나 생산의 난이도가 높기 때문에 특허가 만료된다 하더라도 모방이 어렵다는 장점이 있다.

또 다른 전략은 진단기기와 치료제를 결합하는 것이다. 바이오 신약은 맞춤형 치료제이기 때문에 환자에 따라서는 효과가 없을 수도 있다. 예를 들어 유방암 치료제인 허셉틴은 HER2 단백질이 과잉생성되는 환자에게 유효한데 이런 환자는 전체의 약 20%라고 한다.[4]

나아가 바이오 신약은 합성신약에 비해 매우 가격이 높기 때문에 건강보험이 적용되지 않는 경우가 많으며 이는 바이오 신약 시장의 확대에 큰 걸림돌이 되고 있다. 이런 배경에서 개발된 것이 바로 진단기기와 치료제의 결합이다. 약효가 뚜렷한 환자를 바이오 신약 사용 전에 미리 선별할 수 있다면 환자의 부담은 물론이고, 국가 입장에서도 의료비용 지출을 효율적으로 줄일 수 있다.

미국에서는 'FDA 수정법 2007'을 통해 신약의 임상시험시 대상자를 유전적 특성에 따라 구분하도록 규정했는데 이는 신약 개발 초기 단계부터 약효가 있는 환자군을 명확히 구분해 효율성을 높이겠다는 의미이다. 이러한 이유로 특정 치료제와 그 치료제가 유효한 환자를 진단하는 제품의 병행 개발은 필수화되는 추세다. '동반 진단제'라고도 불리는 병행 개발이 진행되는 제품은 2009년 현재 총 145개에 달한다. 이중에는 이미 시판 중인 치료제의 진단제품을 후속 개발하는 경우도 있고, 아직 개발 단계에 있는 신약 후보물질의 진단제품도 있다. 제약기업들은 동반 진단제를 통해 신약의 승인기간을 단축하고, 출시 초기에 매출을 확대하는 전략을 적극적으로 추진하고 있다.

이렇듯 제약업계에는 치열한 맞춤형 바이오 신약 개발과, 특정 치료제와 짝을 이룬 동반 진단제의 개발이 필수화되는 방향으로 변화가 진행되고 있다. 우리나라의 경우 IT 산업 역량을 바탕으로 유전자 분석 등 진단 기술과 치료제의 융합현상에 대비할 필요가 있다. 제약 시장의 새로운 바람을 주목하여 신시장에 발 빠르게 적응해야 할 때다.

우리 기업이 **대박 신약**을 개발하려면?

– 고유상

공동 개발로 답 찾은
글로벌 블록버스터 신약

바이오 신약 한 개를 개발하는 데는 10년 이상의 기간과 수천억 원의 비용이 든다. 말 그대로 거대 프로젝트다. 이렇듯 외형만 보면 상대적으로 열세인 국내 제약업계가 글로벌 신약을 만들어내는 것이 과연 가능할까 싶지만 글로벌 선도 신약의 개발 사례를 보면 생각지 못한 가능성이 눈에 띄기도 한다.

개발된 신약은 누구의 소유일까? 얼른 생각하면 처음 개발한 회사의 소유일 것 같지만 사실은 그렇지 않은 경우가 많다. 막대한 시간과 비용이 들기 때문에, 아무리 세계를 선도하고 있는 제약사라 해도 처음부터 끝까지 단독으로 신약을 개발하기는 어렵기 때문이다.

말기 림프종양 환자의 치료제로 사용되는 '리툭산'의 사례를 보면 이런 특성이 잘 나타난다. 리툭산은 2009년에만 전 세계적으로 약 59억 달러의 매출을 일으킨 초대형 블록버스터 신약이다. 이 약을 처음 개발한 미국의 아이덱제약은 1991년 일본의 젠야쿠코교全藥工業와 공동 개발을 제휴했다. 젠야쿠코교는 이 제휴를 통해, 개발에 성공할 경우 일본과 아시아 시장에 대한 생산 및 판매권한을 950만 달러에 확보했다.

이후 아이덱제약은 1995년엔 미국의 생명공학업체 제넨테크와 공동 임상시험 제휴를 맺는데 이때 제넨테크는 아이덱제약의 수익 33%를 받는다는 조건으로 5억 8,500만 달러를 들여 미국과 캐나다 시장의 공동 판매권을 확보했다. 또한 그 외의 지역에 대한 모든 판권은 제넨테크의 최대 주주인 로슈가 확보했다.

리툭산은 이후 1997년 미국 FDA의 승인을 획득했고, 유럽에서는 1998년, 일본에서는 2001년에 승인을 받아 출시되었다. 세계 최고의 블록버스터 신약 중 하나인 리툭산은 결국 개발과정에 참여한 모든 회사의 공동 소유가 되었다.

류마티스성 관절염 치료제인 '휴미라'의 개발 사례도 흥미롭다. 이 약의 아이디어를 처음 낸 회사는 바이러스를 이용해 유전자의 기능을 연구하던 영국의 CATCambridge Antibody Technology였다. 이 회사의 연구원들은 이 기술을 이용할 수 있는 응용처에 대해 브레인스토밍을 하다가 관절염 치료제라는 아이디어를 도출했다. CAT는 이를 바탕으로 1993년에 독일의 BASF와 6개의 항체신약 후보물질 공동 연구개발 계약을 맺었다.

그중 하나가 바로 히트상품 휴미라다. 그런데 휴미라를 류마티스 관절염 치료제로 상용화한 것은 CAT와 상용화 계약을 맺은 놀Knoll이다. 놀은 다시 1999년 일본 제약사 에이자이와 이 기술을 가지고 공동 개발을 제휴했다. 그렇다면 이 약의 전 세계 판권은 누가 가지고 있을까? 바로 2001년 놀을 인수한 애봇이다. 애봇은 CAT에 일정한 로열티를 주는 조건으로 전 세계 판권을 인수했다.

기술 가능성을 초기에 포착하라

이 사례들을 통해 우리는 중요한 사실을 알 수 있다. 첫째는 누가 처음 신약을 개발했느냐보다는 신약 후보물질의 개발에서부터 실제 출시에 이르기까지의 과정에 산재한 수많은 기술적·재무적·전략적 기회를 얼마나 잘 포착하느냐가 중요하다.

둘째 유망한 기술선을 초기에 확보하는 것이 중요하다. 세계 최대의 바이오 제약 기업인 암젠과 일본 기린맥주의 제휴는 초기 기술에 대한 투자의 중요성을 알려주는 대표적 사례다. 암젠은 2009년 매출액 147억 달러로 세계 최대의 바이오 제약 기업으로 우뚝 섰지만, 사실 초창기에는 기업의 존폐를 걱정할 정도로 상황이 어려웠다. 바이오테크 기술을 이용해 닭의 성장호르몬을 만들거나 청바지용 청색 염료를 만들려던 프로젝트들이 연이어 실패하면서 심각한 자금경색에 시달렸던 것이다. 전략 방향도 들쑥날쑥했고, 자금도 부족해서 정말 어려운 시기를 보냈다. 한 가지 의지할 점은 당시 막 개발에 성공한 적혈구 생성 촉진인자인 EPO라고 하는 물질을 유전자 재조합 방식으로 만드는 기술이었다.

CEO인 조지 래트만George Rathmann은 투자자를 찾기 위해 동분서주한 결과 1984년 일본의 맥주회사인 기린맥주로부터 1,200만 달러를 투자받아 조인트벤처를 설립하기로 했다. EPO가 현재 암젠 매출의 절반을 차지하는 대형 제품으로 성장한 것에 비하면 1,200만 달러는 정말 적은 비용이다. 이는 초기 기술의 가능성을 알아보고 기술에 투자한 기린맥주의 안목 덕분이었다고 할 수 있다.

이후 암젠은 악성 빈혈 치료제인 '아라네스프', 감염증 치료제인 '뉴래스타' 등 다수의 신약에 대한 공동 개발권과 일본 및 아시아 판권을 확보하는 성과를 거두었다. 제품들이 모두 각각 1년에 수조 원 이상의 매출을 올리는 블록버스터 제품들임을 감안하면, 기린의 20여 년 전 선택이 얼마나 탁월했는지 알 수 있다.

바이오 제약 사업은 사실 기술제휴 및 개발 네트워크를 얼마나 튼튼하게 갖추었느냐에 따라 승패가 결정된다. 암젠과 기린맥주의 사례에서처럼 가능성 있는 기술을 알아보는 선구안은 물론이고, 부족한 자금과 불확실한 기술 리스크를 상쇄시키기 위한 창조적인 제휴 유형을 만들어내는 것도 중요하다.

실패 위험,
전략적 제휴로 낮춰라

엘라이릴리와 센토코어가 1992년에 맺은 2+1 제휴는 지금은 상당히 일반화된 제휴 방식으로 마트에서 흔히 볼 수 있는 할인판매 행사와 유사하다. 센토코어는 당시 개발 중이던 패혈증 치료제가 임상 마지막 단계에 있어서 자금이 많이 필요한 상황이었다. 문제는 패혈증 분야가 워낙 질병구조가 복잡해서 실패한 약이 많다는 점이었다. 성공만 하면 큰 매출이 예상되는 분야라는 점에 주목한 릴리는 센토코어와 한 가지 아이디어에 합의했다.

만약 패혈증 치료제가 실패할 경우, 센토코어가 개발하던 초기 제품 중의 하나인 심혈관협착 방지제 '리오프로'에 대해 릴리에게 우선적 매입권을 주기로 한 것이다. 우려했던 대로 패혈증 치료제는 최종 임상시험에 실패했지만, 대신 리오프로는 크게 성공하여 릴리에게 큰 수익을 안겨주었다. 이제 바이오 산업에서는 제휴를 맺는 기술이나 제품 외에, 실패를 대비해서 추가적인 제품이나 기술의 매입선택권을 부여하는 것이 일반화되었다.

로슈의 제넨테크 인수계약도 매우 중요한 특징을 보여준다. 스위스의 로슈는 1990년에 제넨테크의 지분 60%를 22억 달러에 인수했다. 그런데 인수 조건이 좀 특이했다. 최대 주주가 되었음에도 제넨테크의 전체 이사 13명 중 2명만을 선임한 것이다. 그리고 경영권에 관여하지 않기로 약속했다. 인수는 하되, 제넨테크를 그대로 운영되게 한 것이다. 바이오 산업과는 특성이 다른 제약 기업이 바이오 기업을 인수하면 핵심 인력이 모두 유출될지도 모른다는 우려가 작용했기 때문이다. 물론 인수 이후에 제넨테크의 주요 인사들이 퇴직을 하여, 툴래릭 같은 2세대 바이오 기업들을 다수 창업하기도 했지만, 다행히 많은 핵심 인력이 제넨테크에 남아 있기로 했다. 따라서 로슈의 경영 불간섭 정책이 현재의 제넨테크를 만들었다고 해도 과언이 아니다. 이처럼 인력이 핵심 경쟁요소인 산업에서는 인수 이후에도 회사의 운영 및 문화를 크게 변화시키지 않는 것이 M&A의 주요 성공요소가 되고 있다. 특히 타 산업에서 인수방식을 통해 바이오 산업에 진입하려는 계획이 있다면 이러한 특성을 잘 이해해야 한다.

앨러간과 리간드가 1992년 체결한 조인트벤처 계약도 주목할 만하다. 이 계약은 소위 최초의 손익상계P&L Sparing 계약이었다. 말하자면 특정 제품을 개발하기 위한 특수목적회사를 설립하고, 양사가 기술과 자금을 투자하는 방식이다. 조인트벤처에 투자한 자금은 연구개발 비용으로 처리되는 동시에, 조인트벤처의 개발 비용이 모회사의 매출로 잡히는 독특한 구조로, 양쪽 회사의 손익계산서에는 비용 지출에 따른 손익이 감소하는 효과가 나타나지 않는 것이 특징이다. 개발 실패 가능성이 높고 장기간 소요되는 바이오 산업에서 제휴에 따른 재무 위험도를 낮추는 창조적인 방안을 제시했던 것이다. 지금은 이를 응용해 다양한 형태의 재무위험 공유방식의 제휴가 활발히 일어나고 있다.

지금도 전 세계적으로 유망한 미래 기술을 가지고 장기적인 제휴선을 찾고 있는 기업들이 많다. 한국 기업도 유망 기술을 잘 선별할 수 있는 기술 평가능력을 축적하여 투자에 나선다면 리스크를 상회하는 큰 수익을 지속적으로 얻을 수 있을 것이다. 기술개발은 물론 기술을 보는 안목이 더욱 필요한 시대다.

세계는 왜 **바이오시밀러**에 주목하는가

– 김현한

바이오시밀러,
바이오 의약품을 대체하다

바이오시밀러Biosimilar에 대한 관심이 그 어느 때보다 뜨겁다. 제약업계와 바이오업계는 물론 국가 차원에서도 바이오시밀러 시장은 미래 성장동력 분야의 하나로 각광받는다.

바이오시밀러란 한마디로 바이오 의약품의 복제약을 가리킨다. 지금까지의 복제약은 대개 '제너릭', 즉 합성화합물을 원료로 하여 화학합성에 의해 생산되는 의약품을 의미했지만 바이오시밀러는 합성 의약품이 아닌, 바이오 의약품을 복제한 것이다.

합성 제너릭은 오리지널 합성의약품의 화학식만 알면 쉽게 만들 수 있으며, 생물학적으로도 오리지널 약품과 동등하다. 따라서 제너릭은 임상시험 없이 약식 허가절차를 통해 저렴하게 개발할 수 있다.

하지만 살아 있는 단백질 세포를 이용하는 바이오시밀러는 공정환경이 오리지널과 완전히 동일할 수는 없다. 염기서열이 동일하다 하더라도 오리지널과 똑같은 복제약을 만들기는 힘들다. 이러한 특성 때문에 바이오시밀러는 항상 임상시험을 통해 오리지널 바이오 의약품과의 동등성을 입증해야 한다.

이렇게 합성의약품에 비해 제조도 까다롭고 가격도 비싼 바이오 의약품이 주목받는 이유는 무엇일까? 우선 특정 질병에 대해 특이적으로 작용하여 합성의약품보다 부작용이 적고 효능이 우수하며, 임상시험 성공률도 높기 때문이다. 또한 바이오 의약품인 인슐린, 인간성장호르몬, 조혈촉진호르몬 등은 화학합성으로 제조할 수 없다는 점도 중요한 이유다.

따라서 효능이 우수하고 가격이 비싼 오리지널 바이오 의약품을 값싸게 대체할 수 있는 바이오시밀러 시장은 향후 급격히 팽창할 것으로 전망된다. 게다가 바이오시밀러는 바이오 의약품과 효능은 비슷하면서도 가격은 훨씬 저렴한 것이 장점이다. 그동안 경제적 형편 때문에 바이오 의약품을 사용하지 못한 환자들의 수요를 절반 가격의 바이오시밀러가 대신한다면, 바이오시밀러 시장은 매우 빠르게 성장할 것이다.

바이오시밀러 시장의
전망과 과제

바이오시밀러가 뜨거운 관심을 받는 또 하나의 이유는 빈혈 치료제 인 '에포젠', 류마티스 관절염 치료제인 '레미케이드', 당뇨병 치료 제인 '휴말로그' 등 블록버스터급 바이오 의약품들의 특허가 2013년 을 전후로 줄줄이 만료되기 때문이다. 1980년대, 주요 합성의약품의 특허가 만료되면서 세계 제너릭 의약품 시장이 급속히 성장했던 것처 럼 바이오시밀러 시장 역시 바이오 의약품의 특허 만료를 기점으로 급속히 성장할 것으로 예상된다.

2008년 현재 세계 의약품 시장의 규모는 6,430억 달러다. 그중 바이 오 의약품은 1,080억 달러 규모로 약 17%를 차지하고 있으며, 2014년 에는 1,160억 달러로 성장하여 전체 의약품 시장의 약 23%를 차지할 전망이다. 그렇다면 바이오시밀러 시장의 전망은 어떨까? 2008년 바 이오시밀러 시장의 규모는 2억 달러 수준이었지만, 2012년에는 50억 달러 규모로 해마다 시장이 120% 이상 성장할 것으로 전망된다.[5] 따 라서 향후 바이오시밀러 시장을 선점하기 위한 글로벌 제약 기업들과 바이오 기업들 사이에는 치열한 각축전이 일어날 것으로 예상된다.

식품의약품안전청은 2009년 7월, 바이오시밀러 규제 및 승인 절차 와 관련하여 '생물학적 제제 등의 품목 허가·심사 규정 일부 개정' 을 고시했다. 또 지금까지 연구개발 능력을 보유한 바이오 업체와 영 업력, 자금력을 가진 제약사 간 인수합병이 4건 이상 이루어졌고, 최근 대기업들도 바이오시밀러 시장에 큰 관심을 보이며 진출 기회를 엿보고 있다.

물론, 바이오시밀러 시장의 앞날이 장밋빛인 것만은 아니다. 바이오시밀러 개발에는 화학 제너릭과 비교할 수 없을 만큼 많은 시간과 대규모 투자가 소요되기 때문이다. 따라서 바이오시밀러가 신성장동력 산업으로 성장하기 위해서는 정부의 적극적인 지원이 필요하다. 기업들 역시 적극적인 투자방안을 마련해 시장 진입을 위한 기술 수준을 높이고 경쟁력을 강화해야 할 것이다.

바이오시밀러 시장의 관건은 각 제품의 생산 원가 및 제품화 시기에 달려 있다고 해도 과언이 아니다. 오리지널 바이오 의약품의 경우 시장의 독점적 지배로 인해 생산 원가가 제품 가격에 미치는 영향이 비교적 낮지만, 바이오시밀러는 그렇지 않기 때문이다. 따라서 우리 기업들은 해외 진출을 위한 인·허가 및 경쟁력 확보를 위해 품질인증 문제와 조기 제품화를 달성해야 할 것이다.

04

불로장생의 꿈 좇는
생명연장 산업의 현주소

– 김현한

생체 타이머
텔로미어를 지켜라

2009년 노벨 생리의학상은 인간 생체시계의 수수께끼를 풀어낸 미국의 과학자 엘리자베스 블랙번Elizabeth H. Blackburn과 캐롤 그레이더Carol W. Greider, 잭 조스택Jack W. Szostak에게 돌아갔다. 1980년대부터 항노화 연구에 힘쓴 결과, 이와 관련된 텔로미어Telomere와 텔로머라아제Telomerase를 발견하여 세포 노화의 메커니즘을 규명한 공로를 인정받은 것이다.

2050년 전 세계 60세 이상의 노인 인구가 지금보다 3배 늘어난 20억 명에 달해 세계 인구의 20% 이상을 차지할 것이란 전망이 나오면서[6] 건강하게 오래 살고자 하는 사람들의 욕구도 점점 커지고 있다.

이를 증명하듯, 2008년 미국 국가정보위원회가 선정한 6대 와해성 기술*에 생물학적 노화방지 기술이 포함되었다. 이 기술은 노화억제 및 생명연장과 관련하여 파급력이 아주 클 것으로 예상되고 있다. 최근 국내외에서 진행 중인 노화방지 기술에는 어떤 것들이 있는지 알아보고, 시장의 규모와 발전방향에 대해 살펴보자.

첫 번째 기술은 텔로미어와 텔로머라아제다. 생체 타이머라 불리는 텔로미어는 염색체 양 끝에 붙어 있는 작은 유전자 조직으로, 생명력 유지를 위해 끊임없이 세포분열을 하는데 그때마다 조직이 닳고 길이가 짧아진다.

길이가 어느 단계까지 짧아지면 세포는 더 이상 분열하지 못하고 죽게 되는데, 노화는 바로 이 텔로미어의 길이가 짧아지거나 사라져서 나타나는 현상이다. 그렇다면 텔로미어의 길이가 항상 일정하다면 노화를 막을 수 있지 않을까? 그렇다. 텔로미어의 길이를 일정하게 유지시켜 주는 것이 바로 노화방지 기술의 핵심이며 이를 가능하게 하는 효소가 바로 텔로머라아제다.

텔로머라아제는 주로 미국, 일본, 유럽 등 선진국에서 연구가 이루어지고 있다. 특히, 미국의 줄기세포 전문업체인 제론은 텔로머라아제에 대한 특허를 다수 보유하고 있는데, 그중 하나가 의약품 전문업체인 머크와 공동 개발 중인 텔로머라아제 활성물질 'GRNVAC1' 다. 현재 임상시험 단계에 있으며, 개발에 성공할 경우 2012년부터 본격적인 매출로 연결될 전망이다.

* 정치, 경제, 군사, 기타 사회적 측면 등 다양한 분야에서 국가 경쟁력에 위협이 될 수 있거나 혹은 국력 신장에 기여할 정도로 파급효과가 큰 기술을 의미한다. 생물학적 노화방지 기술, 에너지 저장 소재, 바이오연료 및 바이오화학, 청정석탄 기술, 서비스 로봇, 사물 간 인터넷 연결 기술 등이 선정되었다.

또한 스페인 국립암연구소는 2008년 노화억제 유전자를 쥐에 주입하여 수명을 1.5배나 늘리는 데 성공했다. 연장된 쥐의 수명을 인간에게 대입할 경우 125세까지 살 수 있다는 계산이 나와 인간에 대한 적용 성공 여부에 귀추가 주목되고 있다.

칼로리 제한을 통해 노화를 방지하는 기술도 있다. 칼로리 제한은 노화방지뿐만 아니라 노화 관련 질병도 감소시킨다는 보고가 있는데, 미국 국립보건원NIH의 토머스 로스Thomas Roth 박사팀은 칼로리 제한을 통해 평균 수명이 25년인 원숭이를 38년 동안 생존하게 하는 데 성공했다.

이에 착안한 연구팀은 아무리 많이 먹어도 칼로리를 체내로 흡수하지 않는 비만 유전자를 조작하는 데 성공했다. 비만 유전자를 조작한 원숭이 12마리와 조작을 하지 않은 정상 원숭이 12마리를 두 그룹으로 나눈 뒤, 6개월간 매일 하루에 필요한 1,200칼로리의 두 배에 해당하는 2,400칼로리의 음식을 공급한 결과, 정상 원숭이들은 평균 18.2킬로그램에서 27.9킬로그램으로 체중이 불었지만, 유전자를 조작한 원숭이들은 18.3킬로그램에서 17.8킬로그램으로 오히려 체중이 감소했다. 이 결과는 비만 예방뿐만 아니라 칼로리 제한을 통한 수명연장에도 적용될 예정이다.

또 다른 노화방지 기술은 암세포를 억제하는 기술이다. 2009년 8월,

서울대 윤홍덕 교수팀이 암 억제 유전자인 p53의 조절 메커니즘을 세계 최초로 규명하여 항암제 개발의 새로운 지평을 연 것으로 평가받았다. 암 억제 유전자인 p53은 DNA 손상복구를 총지휘하는 단백질로, 대부분의 암세포에서는 그 기능이 저하되어 있다.

p53은 현존하는 유전자 중에서 암과 가장 밀접한 관련이 있는 것으로 알려져 있지만, p53의 활성조절 메커니즘은 그동안 알려지지 않았다. 이번 연구를 통하여 윤홍덕 교수팀은 캐빈1이라는 단백질이 평상시에는 p53과 결합하여 p53의 기능을 억제하지만, DNA가 손상될 경우에는 p53을 자유롭게 풀어주어, 오히려 p53의 활성을 증가시킨다는 사실을 세계 최초로 규명했다. 캐빈1 단백질의 기능이 밝혀짐에 따라, 향후 이의 조절을 통한 신개념 암 치료제가 개발될 것으로 전망된다.

2006년 1,352억 달러였던 전 세계 노화방지 산업의 시장 규모는 연평균 8.9%씩 성장하고 있다. 2015년에는 2,919억 달러에 이를 전망이다.[7] 특히 우리나라는 2009년 17대 신성장동력 중 하나로 선정하여 집중적으로 육성하고 있다.

노화방지 산업에서 세계적 경쟁력을 키우기 위해서는 원천기술 확보와 신약 개발, 임상기술 개발 등에 더 많은 투자를 해야 한다. 인간의 기본적인 욕구인 불로장생을 실현할 수 있다면 이보다 더 무한한 시장은 없을 것이다. 노화방지 기술에 대한 연구를 바탕으로 의약, 식품, 화장품 등의 파생 산업으로 눈을 돌려보는 것은 어떨까?

신의 영역에 도전한다, **합성생물학**

– 김현한

생명체를 만드는 기술이 대두했다

1993년에 제작된 영화 〈쥬라기 공원〉에는 화석에 갇힌 모기의 피 한 방울에서 공룡 DNA를 얻어 개구리의 유전자와 결합해 6,500만 년 전의 공룡을 되살려내는 장면이 나온다. 당시만 해도 이것은 말 그대로 영화 속 이야기에 불과했다. 그러나 그로부터 10년 가까운 세월이 흐른 2010년에는 이러한 상상이 현실이 되고 있다. 바로 생물학과 공학이 만나서 탄생한 합성생물학 덕분이다.

합성생물학은 컴퓨터를 통해 생명과학의 회로정보 데이터를 분석, 응용하여 DNA 및 세포에 인위적으로 합성하는 기술로, 이 기술을 이용하면 원하는 물질이나 원하는 생물학적 기능을 만들어낼 수 있다.

때문에 "생명의 근원을 이해하는 학문이다", "아니다. 윤리적으로 문제가 많은 기술이다" 등 찬반 논란이 팽팽한 분야이기도 하다.

1970년대 이후 바이오 산업은 분자생물학과 유전공학을 바탕으로 꾸준히 발전했다. 그리고 2000년대에 들어서는 생명체 일부만을 변형하는 유전자 조작이 아닌, 유전자 전체를 조작해 새로운 생명체를 만들어내는 합성생물학이 대두했다.

현재의 합성생물학은 여러 부품들을 조립하여 기계를 찍어내듯 표준 생물 부품들을 이용해 바이오칩을 생산하는 방향을 추구하며, 의료 서비스, 에너지, 환경 등 인류가 직면한 현실적인 문제를 해결하겠다는 목표를 갖고 있다. 현재의 합성생물학이 어느 수준까지 왔는지 몇 가지 사례를 통해 알아보도록 하자.

합성생물학 연구
현재 어디까지 왔나?

첫 번째는 인간 게놈 연구의 권위자 존 크레이그 벤터John Craig Venter 박사의 연구다. 2008년 그는 화학물질을 조합하여 생명체 중 구조가 가장 단순한 박테리아 유전자를 생산하는 데 성공했다. 즉, 박테리아가 생명을 유지하고 번식하는 데 필요한 모든 유전자 정보를 인공적으로 합성했다는 뜻이다.

이렇게 생산한 박테리아를 살아 숨 쉬는 미생물 개체로 키우려면 아직 시간이 필요하지만, 벤터 박사의 연구는 우리가 원하는 생명체를 원하는 만큼 만들어낼 수 있는 기술의 초석으로 평가받고 있다.

두 번째는 바이오브릭스 재단이 있다. 2003년에 설립된 이곳은 생명체 제조에 필요한 표준 유전자 집합체를 제공한다. 컴퓨터 시스템으로 치면, 유전자의 특성과 기능을 문서화하고 표준화해서 마치 레고 장난감의 부속처럼 유전자 집합체를 생산하는 것이다.

아직까지는 유전자 정보 일부를 제공하는 단계에 불과하지만, 향후에는 특정 기능을 수행하는 유전자 집합체의 전체 염기서열을 표준화하고 분류하여 의학이나 생명공학 분야 연구에 제공할 전망이다.

세 번째는 합성생물학 응용 분야 가운데 가장 주목받고 있는 에너지 부문이다. 2009년 7월, 세계 최대의 정유회사인 엑손모빌은 6억 달러를 투자하여 바이오 기술회사인 신세틱 제노믹스와 손잡고 해조류에서 바이오 연료를 추출하는 사업을 시작했다. 연구를 주도한 벤터 박사 연구팀은 해조류에서 석유와 똑같은 화학식을 가진 기름을 추출해냈다.

지금까지의 기술이 농장에서 해조류를 키워 추수한 뒤 압축 프로세스를 거쳐 해조류가 함유하고 있는 기름을 짜내는 방식이었다면, 벤터 박사가 개발한 바이오 기술은 해조류가 자라면서 기름을 세포 밖으로 스스로 뿜어내게 한다. 따라서 기존 방식에 비해 생산성과 효율성이 월등하다.

네 번째는 바이오 신약 개발 부문이다. 바이오 신약 개발 분야는 합성생물학 적용이 곧바로 가능해 그 가치가 더욱 높은데, UC버클리

대학의 제이 키슬링Jay Keasling 박사팀은 2006년 효모 유전자와 신진대사 경로를 조작하여 말라리아 치료제인 '아테미시닌Artemisinine'을 생산하는 데 성공했다.

아테미시닌은 중국 식물 다북쑥에서 추출되는 화학물질이다. 자연에서는 극소량밖에 생산되지 않아 치료제로 쓰이기에는 턱없이 부족하지만, 제이 키슬링 박사팀의 연구 덕분에 인공 대량생산이 가능해졌다.

합성생물학은 생물학적 시스템을 총체적으로 고려하여 유전자 전체를 조작, 새로운 기능의 물질을 만드는 기술이다. 따라서 거의 모든 바이오 산업 분야에 도입될 수 있는 혁신적인 기반기술로 인정받고 있다.

2008년 영국 임페리얼 컬리지 런던Imperial College London의 폴 프리먼트Paul Freemont 교수는 "합성생물학은 향후 20년과 50년 사이에 반도체 설계와 맞먹는 정교하고 미세한 공정으로 크게 발전할 것이다"라고 전망했다.[8] 아직 걸음마 단계인 우리나라도 합성생물학의 연구개발에 적극 나서야 할 것이다.

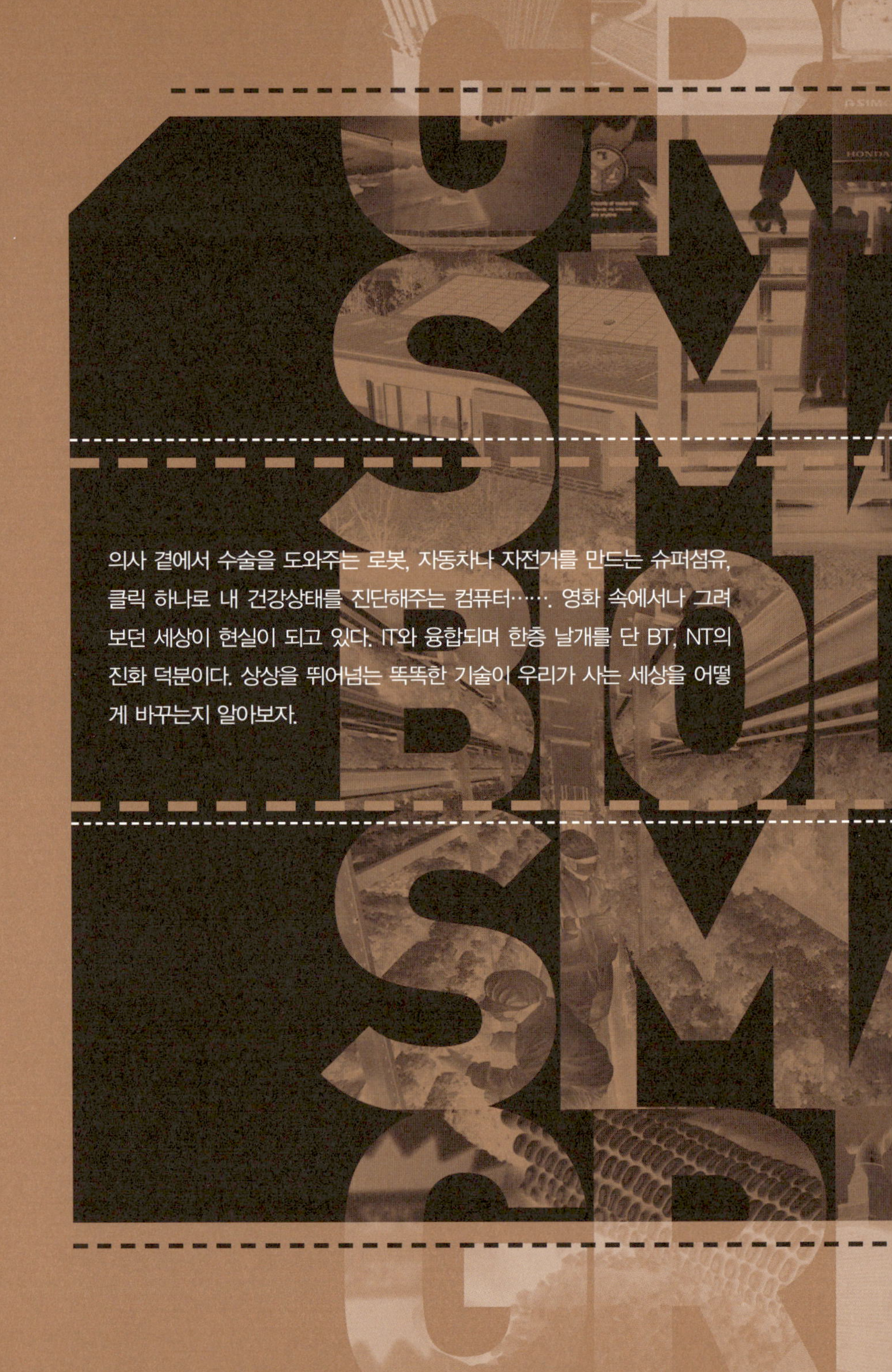

의사 곁에서 수술을 도와주는 로봇, 자동차나 자전거를 만드는 슈퍼섬유, 클릭 하나로 내 건강상태를 진단해주는 컴퓨터……. 영화 속에서나 그려 보던 세상이 현실이 되고 있다. IT와 융합되며 한층 날개를 단 BT, NT의 진화 덕분이다. 상상을 뛰어넘는 똑똑한 기술이 우리가 사는 세상을 어떻게 바꾸는지 알아보자.

6장
내 생활을 바꾸는
첨단 기술

섬유 산업에 새 생명을! **슈퍼섬유**[1]

– 고유상

신성장동력 산업으로 부상한
섬유 산업

한때 사양 산업의 대명사로 거론되던 섬유 산업이 신섬유 기술혁신을 바탕으로 차세대 성장 산업으로 다시 부상하고 있다. 사실 섬유 산업의 응용범위는 의류에만 국한되지 않는다. 최근에는 비행기, 자동차, 우주복 등 다양한 분야에 전방위적으로 활용될 정도로 발전 가능성이 높다. 그중에서도 우리가 주목해야 할 것은 슈퍼섬유의 놀라운 변신이다.

슈퍼섬유란 고강도, 고탄성의 특성을 지닌 섬유로 탄소섬유, 나노섬유, 아라미드섬유, 바이오섬유같이 전통적인 석유화학섬유를 대체하는 신섬유를 의미한다.

미국의 보잉은 일본의 섬유 업체인 도레이와 2005년부터 2021년까지 16년간 7,000억 엔 규모의 탄소섬유 공급계약을 맺었다. 보잉에서 생산하는 차세대 항공기인 보잉 787기의 동체와 날개를 기존의 알루미늄 대신 탄소섬유로 대체하기로 한 것이다. 탄소섬유는 강철에 비해 무게는 5분의 1밖에 나가지 않으면서도 강도는 10배나 더 강한 신소재다. 한국섬유산업연합회는 탄소섬유가 항공기 동체로 대체되면 볼트 수가 5만 개나 줄어들고 무게도 15~20% 정도가 감소해서 연료 효율이 20% 정도 증가할 것이라고 분석했다.

자동차도 탄소섬유의 유력한 미래 응용처 중 하나다. 차세대 전기 자동차나 하이브리드 자동차의 경우 연비 등 경제성을 갖추기 위해서는 반드시 무게를 낮추어야 하는데 탄소섬유를 활용해 보닛, 범퍼 등 주요 부품을 대체할 경우 무게가 훨씬 가벼워지는 것으로 확인되었다. 이외에도 대형 디스플레이나 건축 소재 등 높은 강도 중량물들을 대체하는 미래의 소재로 각광을 받고 있다.

사실 탄소섬유는 1971년에 처음 개발되었기 때문에 신섬유라고 부르기 어렵다. 높은 제조 원가 때문에 그동안 활발하게 응용되지 못했던 것뿐이다. 그렇지만 최근 사용량이 늘어나고, 공정기술도 발전하면서 단가도 크게 낮아져 주목을 받고 있다. 탄소섬유를 처음 개발한 일본의 화학소재 전문업체 도레이는 세계 탄소섬유 시장의 30% 정도를 점유하고 있으며, 탄소섬유를 사양화된 전통 섬유사업을 대체할 회사의 신성장동력 사업으로 육성하고 있다.

나노기술과 친환경 바람 거센
세계 섬유 산업

섬유 기업들이 최근 가장 주목하는 분야는 나노섬유다. 나노섬유는 지름이 수십에서 수백 나노미터에 불과한 초극세사超極細絲다. 이 실을 활용할 경우 현재보다 100분의 1 정도나 가는 섬유를 만들 수 있다. 나노섬유는 탄소섬유처럼 그 자체가 나노섬유인 경우도 있지만, 기존 섬유소재에 나노소재를 코팅하거나 복합해서 신기능 섬유를 개발하기도 한다.

미국의 필터 전문업체 도널드슨은 기존 테프론 필름을 섬유 원단에 코팅한 나노섬유인 '테트라텍스'를 개발했다. 테프론은 전 세계 필터 시장의 25% 이상을 차지하는 공업용 소재로, 이 테프론 필름과 섬유가 만나 테트라텍스가 탄생했다.

제곱미터당 수억 개의 미세한 구멍이 뚫려 있어 몸에서 발생하는 땀을 빠르게 배출시키는 테트라텍스는 방수, 통풍 등의 효과로 스포츠 의류에 널리 사용되는 고어텍스의 아성에 도전하고 있다. 화학적으로도 매우 안정적이고, 쉽게 오염되지 않으며 온도 변화에도 강하여 영하 270도에서 영상 260도 사이의 온도에서 기능을 발휘한다. 이런 장점을 바탕으로 현재 소방복과 같은 각종 구조복과 등산복, 낚시복, 등산화 등에 널리 사용되고 있다.

미세한 구멍이 뚫려 있어 오염물질을 거를 수 있는 필터인 멤브레인이나 LCD 필름 같은 소재 역시 섬유 기술과 나노 기술이 복합되어 개발이 가능한 분야다. 실제로 고어텍스나 테트라텍스도 멤브레인에서 사용하는 폴리테트라플루로에틸린PTFE이란 물질을 사용하고 있다. LCD 필름이나 멤브레인 소재 분야의 선도 기업에 일본 및 미국의 섬유 기업이 많은 것은 바로 원료인 PTFE 같은 화학소재 기술을 보유하고 있고, 이를 가공한 섬유 사업을 오랫동안 영위해왔기 때문이다.

최근 세계가 주목하는 가장 큰 화두는 친환경이다. 이러한 흐름에 맞추어 첨단 섬유 산업에도 친환경 바람이 불고 있다. 선두주자는 미국의 화학제품 회사 듀폰으로 옥수수의 탄수화물 성분을 가공하여 만든 친환경 섬유인 '소로나' 다. 소로나는 옥수수를 원료로 만든 바이오케미컬석유가 아닌 천연물질을 원료로 만든 소재인 1,3-PDO라는 물질을 가공해서 만든다.

옥수수에서 추출한 바이오 섬유 '소로나.' 쌀알 크기의 입자를 섬유 형태로 가공해 티셔츠와 카펫 등을 만든다.

자연 원료로 만든 섬유는 폴리에스터나 나일론 섬유 같은 화학섬유에 비해 지구온난화 유발물질인 이산화탄소의 배출을 크게 줄여 환경 규제가 엄격한 유럽 등에서 인기가 높다. 듀폰은 소로나 이외에도 바이오숙신산Bio-Succinic Acid과 부탄디올BDO을 중합하여 만든 바이오맥스Biomax 등 폴리에스터를 대체할 바이오케미컬을 개발하는 중이다.

바이오 섬유는 합성섬유 중에서도 특히 폴리에스터를 우선 대체할 것으로 예상되고 있으며 듀폰, 도레이 등 대표적인 바이오 섬유 개발기업들이 모두 폴리에스터 섬유 사업을 했던 경험이 있다는 점도 작용했다.

국내 섬유 산업의 현황과 과제

국내 화학섬유 기업들도 2000년대 이후 신섬유 투자를 확대하고 있다. 코오롱은 2005년 세계에서 세 번째로 아라미드 섬유를 상용화했다. 아라미드 섬유란 방향족Aromatic 물질을 원료로 합성한 특수 화학섬유로 5밀리미터의 실로 2톤 무게를 지탱할 정도로 강하며, 불에 잘 타지 않아 방탄복, 항공기 동체, 방화복, 골프채, 헬멧 등 높은 강도를 요구하는 곳에 사용된다. 효성은 스판덱스와 타이어코드 섬유 시장에서 세계 1, 2위를 다투고 있다. 효성은 전주에 탄소섬유 개발을 위한 연구시설에도 투자하고 있다.

신섬유 개발은 말처럼 쉽지 않다. 탄소섬유, 아라미드 섬유 등 주요 신소재가 1970년대 상용화된 것만 봐도 알 수 있다. 기술개발 투자가 일본에 비해 늦은 한국은 업계와 정부가 협력하여 이 간극을 메우기 위해 힘을 쏟고 있으며, 2007년부터는 '스트림 간 협력기술개발사업'을 통해 원사, 직물, 염색 분야의 각 단계별 업체가 컨소시엄을 구성하여 공동으로 신섬유 개발에 나섰다. 그 결과 지금까지 시제품 개발 473건, 사업화 187건 등의 효과를 거두었다.[2] 적외선에 탐지되지 않아 야간 위장이 가능한 나일론 소재의 '스텔스 군복', '나일론 형상기억합금' 등이 그 예다. 기업의 성과가 가시화되면서 정부의 지원도 2007년 10건에 74억 원에서, 2009년에는 34건에 267억 원 규모로 늘어났다.[3]

일본의 섬유 기업이 1970년대부터 신섬유 소재의 기술개발에 나선 것은 바로 우리나라 때문이었다. 우리나라의 섬유 산업이 급성장하자 가격 경쟁력에서 밀린 일본 기업들이 신소재 개발을 통해 위기를 돌파하고자 한 것이다. 그런데 지금은 우리나라가 30년 전의 일본과 같은 상황을 맞고 있다. 중국의 섬유 산업이 약진하면서 매출정체 등 고전을 겪고 있는 것이다. 역사에서 배울 수 있는 교훈은 바로 끊임없는 기술혁신을 통해 신소재와 신공정을 개발하여 난관을 돌파해야 한다는 점이다. 섬유 산업은 인류문명의 탄생과 함께한 최고最古의 전통 산업 중 하나다. 따라서 섬유 기업은 쇠퇴해도 섬유 산업은 쇠퇴할 수 없다. 신섬유로 다시 한번 부흥의 기회를 엿보고 있는 섬유 산업에 관심을 기울여야 할 것이다.

월드컵 선수들, 페트병을 입었다

최진영

2010 남아공 월드컵 경기에서 선수들이 사용했던 축구공, 축구화, 운동복은 첨단 과학이 뒷받침된 고기능성 제품들이다.

먼저, 축구공에 대해 알아보자. 축구공은 일반적으로 12개의 오각형과 20개의 육각형 가죽을 바느질해서 만든다. 그런데 이 경우, 축구공이 완벽한 구형을 이루지 못해 프리킥이 부정확해질 수 있고 방수 기능에도 문제가 생길 가능성이 있다. 스포츠 회사들은 이 점을 오랫동안 고민해왔다.

1970년 멕시코 월드컵 때부터 공인구公認球를 공급한 아디다스는 2006년 '팀가이스트' 를 소개하여 '축구공은 곧 바느질 공' 이라는 공식을 깨뜨렸다. 팀가이스트는 6개의 사각형과 8개의 육각형으로 된 인공 라텍스 조각을 열접착 방식으로 조립해 고방수성과 구형을 동시에 구현했다는 평가를 받았다.

2010 남아공 월드컵의 공인구 '자블라니' 는 이 팀가이스트의 업그레이드 버전이다. 최첨단 기포강화 플라스틱 소재를 사용해 탄성을 극대화했고, 8개의 조각만을 고열접착 방식으로 조립해 역대 공인구 중 가장 완벽한 구형을 만들었다. 뿐만 아니라 표면에 에어로 그루브Aero Groove라는 미세돌기를 도입해 공기역학적으로

최적화된 공을 만들어냈다. 이 공은 정확한 궤적을 유지하여 어떤 날씨에서도 드리블과 킥의 정확성을 보증해준다.

독일의 발락 선수는 필드 테스트에서 "놀랍다. 내가 원하던 바로 그 축구공이다"라며 찬사를 아끼지 않았는데, 나이지리아와의 16강전에서 박주영 선수가 날렸던 정확한 프리킥도 자블라니의 과학이 뒷받침된 결과인지 궁금하다.

경기력 향상시킨 스마트 축구화, 첨단 유니폼

선수들의 분신이라 할 수 있는 축구화는 또 어떤가. 축구화는 초경량, 고강도, 고유연성 등 다양한 기능을 요구한다.

특히 초경량은 90분간을 쉬지 않고 달려야 하는 축구선수들이 가장 우선으로 꼽는 조건이다. 가볍기로 유명한 마라톤화의 무게가 200그램인데, 초경량 축구화도 이와 비슷한 236그램이다. 얇은 외피를 사용하고, 아크릴 중합체와 폴리우레탄으로 겹겹이 코팅해서 경량화한 것이다.

가벼운 것은 물론이고, 스마트하기까지 한 축구화도 있다. 나이키는 경기장의 상태와 발바닥의 압력에 따라 축구화의 스터드징가 자동으로 수축하고 팽창하는 '스마트 축구화'를 제작했다. 스마트 축구화는 선수의 움직임을 스스로 최적화하고 방향 전환을 신속하게 해주는 특징이 있다.

아르헨티나의 메시는 아디다스의 '트랜스포머 축구화'를 신었다. 트랜스포머는 잔디의 상태와 날씨에 따라 외피, 밑창, 스터드를 각각 선택하여 조립할 수 있는 맞춤형 축구화다. 자블라니처럼 모든 외피를 고열접착 방식으로 제작하여 재봉선을 없앴고 신발 끈도 모두 커버로 가려 드리블과 킥에 방해되는 요소를 모두 제거함으로써 선수들의 골 결정력을 극대화했다.

우리나라와 우루과이의 16강전은 빗속에서 진행되었다. 우리 선수들이 지친 기색 없이 전후반을 훌륭히 소화한 데는 솜털처럼 가벼운 유니폼이 정말 큰 역할을 했다. 일반 섬유에 비해 땀 흡수율이 100배 이상 높고, 10초당 1.6리터의 공기를 통과시켜 통기성이 높은 이 130그램짜리 유니폼 안에는 수많은 돌기가 있어 피부와 유니폼이 밀착되는 것을 방지하고 경기 내내 선수들이 흘리는 땀을 바로바로 흡수해 배출했다.[4]

또한 몸에 딱 달라붙는 이 의상은 선수들의 몸에 적당한 압력을 가해 근육떨림 현상을 방지함으로써 지구력을 높여주었다. 그런데 재미있는 것은 이 첨단 유니폼이 재활용된 페트병으로 만들어졌다는 사실이다. 페트병을 작은 조각으로 만든 다음 녹여서 폴리에스터로 만든 것이다. 유니폼 한 벌당 약 8~10개의 페트병이 사용되었는데, 월드컵에 참가한 모든 선수들의 유니폼 제작에는 총 254톤의 페트병이 재활용되었으며 이 과정에서 이산화탄소 발생량이 30%나 줄었다고 하니, 친환경 월드컵이라 말해도 전혀 손색이 없을 듯하다.

물론 민첩한 움직임과 정확한 킥은 선수들의 피나는 노력과 인내의 결과임에 틀림없다. 하지만 그들의 노력이 빛을 발하는 데 일조한 것은 바로 과학의 힘이 아닐까 싶다.

클릭하며 건강관리? **e-헬스 사업**

– 강민형

확대되고 있는
e-헬스 시장

고령화 추세와 평균수명 연장으로 의료비 부담이 계속 증가하고 있다. 실제로 미국 보건부 산하의 메디케이드 센터에 따르면 미국의 의료 관련 지출은 2006년 2조 1,000억 달러에서 2017년에는 4조 3,000억 달러로 약 2배 이상 증가할 전망인데, 이는 GDP의 약 19.5%에 해당하는 금액이다.

따라서 막대한 의료비 지출을 줄이는 일은 미국뿐만 아니라 세계 여러 국가들의 당면 과제가 되었다. 이에 대한 대안으로 부각된 것이 e-헬스 사업이다. 2009년 1월, 미국의 오바마 대통령은 5년 내에 모든 진료기록을 디지털화하여 중복진료나 오진 등으로 인한 의료비 낭비를 막고, 저소득층에 대한 의료지원을 강화하기 위해 190억 달러를 투입하겠다고 밝혔다. 선진 기업들 역시 빠르게 성장하고 있는 의료 정보 시장 선점과 직원들의 의료비 절감을 위해 e-헬스 사업에 진출하고 있는 실정이다.

기업들의 e-헬스 사업 진출 유형은 크게 세 가지로 볼 수 있다.

우선, 인터넷 포털들이 광고매출 확대를 위해 진출하고 있다. 최근 개인 의료비용이 증가하면서, 온라인을 통한 의료정보 검색인구도 빠르게 증가하여 그 규모는 매달 7,600만 명에 육박하고 있다.[5] 2008년 5월에 오픈한 구글의 의료정보 포털 및 개인 의료정보 관리 사이트인 구글헬스는 바로 이 틈새시장을 노리고 있다. 자신의 진료 이력을 구글헬스 사이트에 기록하면 지속적으로 건강상태를 관리받을 수 있고, 제휴 병원이나 약국에서 받은 진료기록을 직접 다운로드받을 수도 있다.

또한 당뇨 조절 프로그램을 제공하는 사이트인 MyCareTeam[6]과의 제휴를 통해 당뇨환자들의 혈당치를 직접 구글헬스에 업로드할 수 있게 하는 등 일반 의료기기에서 측정한 정보도 구글헬스를 통해 관리할 수 있다. 이렇게 저장된 진료정보를 바탕으로 부작용이 있는 약물정보나, 관련 건강정보들이 자동으로 제공되며, 거주지역의 의사나 병원을 검색하면 위치도 확인할 수 있다. 최근에는 소셜네트워킹 서비스를 가미해 건강기록을 공유하는 기능도 지원한다. 연로하신 부모님이나 어린 자녀들의 건강기록을 대신 관리해주거나 같은 질병을 가진 환자들끼리 애로사항이나 정보를 공유하는 모임을 구성할 수 있게 된 것이다.

2009년 연 130억 달러 규모[7]의 미국 검색광고 시장에서 75%의 점유율[8]을 차지한 구글은 이 사이트가 의료정보 검색 트래픽을 증가시킴으로써 자사의 검색광고 점유율을 높이는 데 기여할 것으로 기대하고 있다. 마이크로소프트도 2007년 10월부터 유사한 사이트인 헬스볼트Health Vault를 운영하고 있는데, 파트너십을 맺고 있는 병원이 다를 뿐 제공하는 서비스는 유사하다.

기존 사업자의
의료정보 포털 오픈

의료업계의 사업자가 의료정보 포털을 새로 오픈하는 경우도 있다. 기존 의료보험업계의 선두 기업인 유나이티드 헬스는 2008년 11월 의료정보 포털 myOptumHealth.com을 오픈하면서 e-헬스 시장에 진출했다. 성장하는 의료정보 시장의 기회를 IT 관련기업들에게 빼앗기지 않으려는 노력이라 할 수 있다.

myOptumHealth는 의료업계 전문가들을 편집진으로 초빙하여 질병 관련 데이터베이스 3,500건, 전문 의료기사 데이터베이스 5,000건 등 양질의 의료 관련 콘텐츠를 제공하여 먼저 진출한 구글, 마이크로소프트 등이 의료정보 관리 및 검색에 집중하는 것과 차별화를 꾀하고 있다. 전문적인 의학정보를 일반인이 이해하기 쉽게 편집하여 제공함으로써 가정에서 손쉽게 의료 관련 조언을 구할 수 있도록 도와

주는 특징이 있다.

뿐만 아니라 간단한 질병에 대해서는 사용자들이 증상을 입력한 뒤 직접 진단해볼 수 있는 자가진단 기능까지 제공하여 사용자들의 궁금증을 해소하고 있다. 유나이티드 헬스는 6,000만 명 이상의 고객들을 통해 축적한 양질의 콘텐츠를 일반 대중에게 제공하여, 급속도로 팽창하는 의료정보 시장의 선점을 노리고 있다.

또 다른 의료보험 회사인 애트나는 우선 3만 5,000명의 자사 직원 및 고객사의 직원들을 대상으로 의료정보 포털 및 개인형 맞춤 의료정보 서비스를 제공한다. 애트나의 경우 고객들의 보험청구 실적 등을 통해 이미 축적된 개인 의료정보가 있기 때문에 맞춤형 정보를 제공하는 것이 가능하다. 구글, 마이크로소프트 등의 IT 업체들은 개인 의료정보를 확보하는 것 자체가 큰 문제인 반면에, 기존 의료 사업자의 경우에는 이미 축적된 개인 의료정보를 활용할 수 있다는 것이 큰 장점이다.

직원 복지를 위한
e-헬스 사업

회사의 직원 복지 차원에서 e-헬스 사업에 참여하는 경우도 있다. 월마트가 대표적인 사례다. 현재 월마트가 의료보험을 지원해주는 직원의 비율은 52% 정도지만, 앞으로 직원 의료비 부담은 계속해서 증가할 전망이다. 월마트는 2009년 1월부터 임직원 및 가족 140만 명에게 인트라넷을 통해 개인 의료정보 관리 프로그램을 제공하고 있다. 사업 규모나 투자 면에서 부담스러운 단독 추진 대신, 인텔, AT&T 등과 같은 비슷한 입장의 회사들과 공동 출자하여 도시아Dossia라는 비영리 단체를 만든 후, 이 단체를 통해 직원들의 의료정보를 관리하는 방식이다. 고용주가 아니라 제3자가 개인의 의료정보를 관리하기 때문에 프라이버시 문제를 해결하는 데 있어서도 유리하다.

2010년 5월 현재 도시아를 통해 직원들에게 의료정보 관리 서비스를 제공하는 기업은 월마트, 인텔, 피트니보우즈, 뱅가드 헬스 시스템 등이 있으며, AT&T도 도입할 예정이다. 이 회사들은 직원들이 자신의 진료 이력, 알레르기 등의 특이 사항을 일목요연하게 출력하여 병원 진료시 제출할 수 있게 함으로써 직원들의 건강 증진 및 효율적인 의료비 지출을 가능케 할 것으로 기대하고 있다. 향후에는 도시아 서비스를 비회원사들에게도 개방하여 온라인 유료 서비스 형태로 제공할 계획이다.

e-헬스 사업에 진출하는 기업의 다양한 사례는 의료정보와 인터넷의 결합이 수많은 비즈니스 기회를 만들어낼 수 있음을 증명하고 있다. 인터넷이 잘 발달되어 있고, 고품질의 의료정보 서비스에 대한 수요가 많은 우리나라에서는 특히 매력적인 사업인 듯하다.

성공적인 e-헬스 사업을 추진하기 위해서는 개인 의료정보를 다루고 있는 병원, 약국, 보험회사, 연구소 등 다양한 의료 산업 참여자들이 원활한 제휴관계를 형성하는 것이 중요하다. 또한 민감한 개인 의

료정보를 관리해야 하는 만큼, 사용자들과의 신뢰관계 형성이나 프라
이버시 보장 등도 중요한 과제다.

서비스 로봇, 세상을 바꾸다

— 조용권

인간을 흉내 내는
'휴머노이드'

2008년 미국의 국가정보위원회NIC는 앞으로 15년 후 사회 전반에 커다란 영향을 미칠 6대 와해성 기술을 선정했는데, 그중 하나가 바로 서비스 로봇이었다. 주로 생산현장이나 조립현장에서 단순한 용도로 이용되던 로봇이 이제는 지능을 갖춰서 판단까지 하고, 인간의 편의를 위해 다양한 서비스를 제공하게 될 것이란 이유였다.

하지만 서비스 로봇은 우리의 일상에 이미 들어와 있다. 국제로봇연맹IFR도 2008년 700만 대에 불과하던 서비스 로봇이 2012년에는 1,200만 대 규모로 늘어날 것으로 전망하고 있다. 서비스 로봇은 크게 개인 서비스 지향 로봇과 전문 서비스 지향 로봇으로 구분되는데,

각각에서 가장 첨단 기술로 무장한 시작품들이 전시되고 있다.

개인 서비스 지향 로봇의 대표는 바로 휴머노이드로, 주로 가정이나 요양원에서 청소와 같은 가사활동과 여가 지원, 교육 서비스를 제공한다.

첨단 기술의 집대성이라고도 불리는 이 로봇은 인간과 대화하고 인간이 하는 행동을 비슷

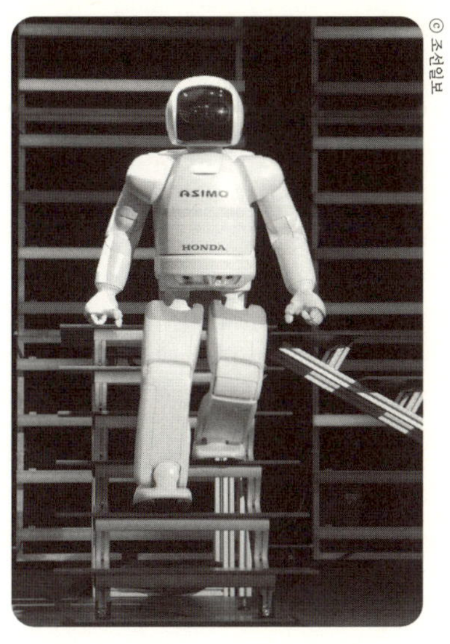

휴머노이드의 대표인 혼다의 '아시모'.

하게 따라 할 수 있도록 설계되었다. 휴머노이드 로봇 제품은 아직 상용화되지 않았지만 현재 몇몇 기업들이 초기 제품을 개발하여 시장에 소개하고 있는 실정이다.

가장 대표적인 기업인 혼다는 2000년에 '아시모'라는 휴머노이드를 개발했다. 최초의 안드로이드인간 모양의 로봇. '인간을 닮은 것'이라는 그리스어에서 나왔다로 각광받았던 이 로봇은 2008년 한층 업그레이드된 제품이 선보였지만, 계단 오르기를 하다가 뒤로 넘어지며 기술 구현의 어려움을 여실히 보여주기도 했다.

한편, 휴머노이드보다 기술은 간단하지만 가격대가 적당한 애완 로봇도 다양하게 시장에 소개되었다. 소니의 '아이보'1999년, 미국 유고브의 '플레오'2006년가 대표적이다. 이 로봇들은 음성이나 시각, 촉각을

인식하고 약간의 지능까지 겸비하고 있어 대화나 쓰다듬기 같은 외부
자극에 대해 다양한 움직임으로 감정을 표현함으로써 출시 초기부터
높은 인기를 끌었다.

입는 로봇에서
수술 돕는 로봇까지

전문 서비스 지향 로봇은 전문가의 특정 업무를 대신하거나 능력을
배가시키는 로봇이며 주로 세 분야에서 크게 주목받았다.

첫째가 바로 국방 분야다. 군용 로봇은 사람 대신 전투를 수행하고,
위험한 지역을 정찰하는 로봇이다. 미국은 이 분야에 가장 적극적인
국가로 2,500명 여단의 전투 로봇 부대를 구상하고 있다. 대표적인
제품이 미국 아이로봇의 '팩봇'이라는 정찰 로봇으로 이라크전에서
2,000대 이상 사용된 바 있다. 한편, 아이로봇은 활용된 기술을 이용
하여 2002년에 청소 로봇 룸바를 개발해서 청소 로봇 시장을 개척하
기도 했다. 우리나라도 2005년부터 군용 로봇의 연구개발이 착수되
어 현재 '견마 로봇'이나 '지능형 감시경계 로봇'과 같은 군사용 로
봇을 내놓고 있는 실정이다.

한편, 군용 로봇 중에서는 영화 〈아이언맨〉에 등장하는 로봇 슈트
처럼 '입는 로봇' 기술도 상당한 수준에 도달했다. 이 로봇 기술은 신
체의 특정 기능을 대폭 강화하거나 보조하기 위해 개발되었는데 무거

운 짐을 옮기거나, 충격에도 손상을 입지 않도록 보호하는 기능을 갖추었으며 사람이 옷처럼 착용할 수 있다.

입는 로봇 기술을 선도하는 국가는 미국이다. 미국 국방고등연구계획청DARPA에서는 병사들의 전투력 향상을 목적으로 이 분야에 수천만 달러를 투자하고 있는데, 대표적 기업인 사코스는 2000년부터 DARPA로부터 수백만 달러의 개발비를 투자받아 2005년에 XOS라는 로봇을 개발했다. 이 로봇 슈트를 입으면 책 한 권 드는 정도의 힘만으로도 90킬로그램의 물건을 쉽게 들어 옮길 수 있다. 로봇 슈트는 68킬로그램 정도 되는데, 사람의 움직임에 적응하도록 설계되어 있어 오래 착용할수록 움직임이 점점 자연스러워진다.

한편, 일본에서도 입는 로봇에 대한 연구가 상당히 진척된 상태다. 하지만 미국과 달리 일본은 민간에서 활용할 수 있는 입는 로봇에 집중하고 있다. 사이어다인이라는 벤처기업도 2005년에 환자나 무거운 의료기기를 쉽게 옮기기 위해 HAL-5라는 의료용 착용 로봇을 개발했다.

둘째로는 의료 분야의 전문 서비스 로봇 개발이 활발히 진행되고 있다. 현재 상용화되어 각광을 받고 있는 로봇이 바로 수술 지원 로봇이다. 이 역시 미국이 가장 앞선 상황이다. 미국의 인튜이티브 서지컬이 개발한 '다빈치'라는 복강경 수술용 로봇이 대표적이다. 이 로봇은 540도 회전이 가능한 세 개의 로봇 팔과 소형 내시경이 장착돼 있고, 10배 이상 확대된 3차원 영상과 로봇 팔의 정밀제어 기능을 제공하도록 설계됐다. 착시나 손 떨림 등을 방지하여 수술의 정밀도를 높

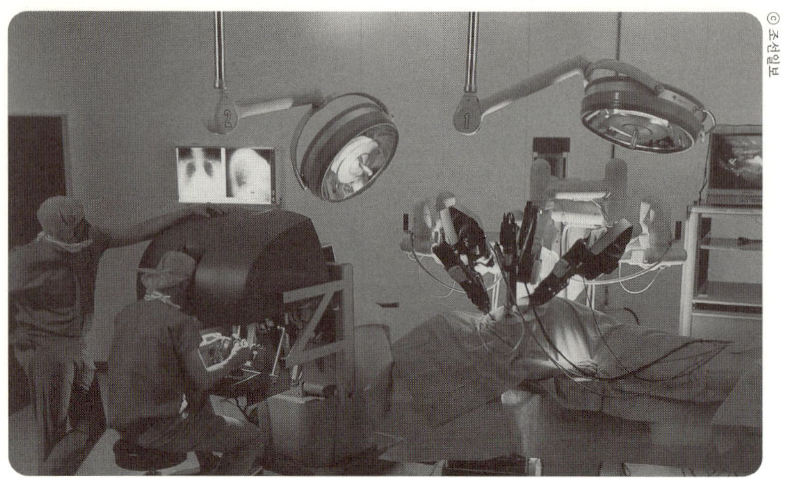

독일 라이프치히 심장센터의 심장외과 의사들이 수술 지원 로봇 '다빈치'를 이용해 흉강을 검사
하고 있다.

임으로써 수술시간을 단축시킬 뿐만 아니라 최소한의 절제로 수술 부
담을 크게 줄여주는 로봇이다. 관절 수술을 위해 개발된 미국의 인티
그레이티드 서지컬 시스템의 '로보닥'도 있다.

의료 분야의 전문 서비스 로봇 중에서는 장애인을 위한 임플란터블
Implantable 로봇, 즉 몸에 이식하는 로봇도 주목받고 있다. 최근에 개발
되고 있는 기술을 보면 정상인과 똑같이 움직일 뿐만 아니라, 정상인
보다 더 뛰어난 기능을 제공하며 적극적으로 자신의 삶을 개척하는
수단으로 활용되고 있는데, 대표적인 것이 의족 로봇이다. 독일의 오
토복과 아이슬랜드의 오서 같은 회사들이 이 분야를 선도하고 있다.
오토복은 1997년 최초로 'C-레그'라는 의족 로봇을 개발했고, 오서
는 '프로프리오 풋'이라는 발 로봇을 개발했다. 뇌신호를 인지해서

착용자의 의지대로 움직일 수 있게 해주는 로봇이다. 또한 스코틀랜드의 터치 바이오닉에서는 'i-림'이라는 로봇 손이 개발되기도 했다. 전자 센서와 정밀 모터를 이용해서 손이 없는 사람들이 문자를 보내거나 과일을 깎는 등 정밀한 작업을 할 수 있도록 돕는다.

현재 전 세계의 지체장애인은 약 3억 명 정도로 추정되고 있는데, 이중 손이나 발이 하나라도 없는 중증 장애인은 약 3분의 1 수준인 9,000만 명으로 추정된다. 이는 이식 로봇의 잠재적 시장성이 매우 높다는 것을 말해주고 있다.

절대강자 없는 시장
기회는 열려 있다

마지막으로 탐사나 측정, 추적 등의 업무에 활용할 수 있는 로봇도 개발되고 있다. 이러한 로봇은 크기가 작고 동물의 기능을 모방하는 특징이 있다. 미국 스탠퍼드 대학에서 개발한 도마뱀 모양의 '스티키봇'이라는 로봇이 소개되어 화제가 됐는데, 이 로봇은 유리창처럼 미끄럽고 기울기가 가파른 곳에서도 붙어서 이동할 수 있도록 설계되었다. 이러한 로봇에 센서와 무선통신 기능이 내장되면 건축물이나 구조물의 균열을 탐지하고 인간이 접근하기 어려운 곳도 얼마든지 탐사할 수 있을 것이다.

한편, 영국 에섹스 대학에서 개발한 바다 속 환경 감시용 물고기 로봇도 있다. 이 물고기 로봇은 바다에 오염물질이나 독성물질이 유입되는지 여부를 24시간 감시할 수 있다.

전문가들은 앞으로 로봇 시장이 크게 성장할 것으로 보고 있는데, 특히 서비스 로봇이 로봇 산업의 성장을 견인할 것으로 기대하고 있다. 이렇게 다양한 서비스 로봇이 속속 선보이고 있지만, 청소 로봇 같은 일부 로봇을 제외하고는 아직 높은 제조비용 때문에 상용화가 쉽지 않은 상황이다. 서비스 역시 시장의 기대에 미치지 못하는 경우가 많다.

따라서 로봇 시장을 좌지우지하고 있는 기업이나 기술은 아직 없는 상태라고 봐도 좋다. 시작은 조금 늦었지만, 한국 기업들에게도 로봇 시장을 선도할 기회는 아직 열려 있다. 밤나무에 먼저 도착한 사람이 더 많은 밤을 딸 수 있듯이, 로봇 분야 역시 누가 먼저 선도 기술을 확보하고, 고객의 니즈를 충족시킬 제품을 창출해내느냐가 중요하다. 이 분야에 대한 관심과 투자를 늘려서 세계시장을 주름잡는 아이템이 하루빨리 나오기를 기대한다.

21세기 판도라의 상자,
차량용 블랙박스

— 배영일

자동차 사고의 진실
블랙박스는 알고 있다

항공기가 추락하면 생존자만큼 중요하게 수색하는 것이 블랙박스다. 블랙박스에는 항공기의 운항 중 일어나는 모든 일들이 고스란히 기록되어 추락의 원인을 정확하게 알 수 있기 때문이다.

최근 자동차에도 블랙박스를 정착하는 사례가 늘고 있다. 자동차 생활이 보편화되면서 자동차 관련 사고가 증가하는 추세인데다, 사고가 났을 경우에도 원인을 규명하기가 쉽지 않아 분쟁이 끊이지 않기 때문이다. 자동차 사고는 교통사고 당사자의 주장이 판이하게 다른 경우가 많아 사고 경위를 정확하게 파악하기도 어렵고, 최악의 경우에는 피해자와 피의자가 뒤바뀌기도 한다. 하지만 차량용 블랙박스를 설치하면 상황은 달라진다. 운전자의 과실 정도를 비교적 정확하게 가릴 수 있어 소모적 분쟁을 크게 줄일 수 있기 때문이다.

차량용 블랙박스는 주행 중 자동차의 상태, 즉 속도, 엔진 회전수, 그리고 전면 또는 측면 동영상을 데이터로 기록한다. 따라서 사고가 발생했을 때 블랙박스에 남아 있는 데이터를 분석하면 사고의 원인을 대부분 정확하게 밝힐 수 있다.

차량용 블랙박스가 국내에 도입된 것은 2000년경이다. 초기의 블랙박스는 차량 내외부 영상과 음성 등 기본적인 정보만을 저장했기 때문에 '주행 중 영상 저장장치'라 해도 과언이 아니었다. 하지만 최근에는 기존의 영상 블랙박스 기능을 넘어 디지털 운행기록계, 도난방지기, 주차 후 주변 감시 등과 같은 다양한 기능까지 부가되었다. 나아가 GPS 신호를 감지해서 현재의 위치정보를 제공하거나 외부와 데이터 통신까지 가능한 정보기기로서의 기능도 추가되고 있다.

블랙박스의 디지털 운행기록계는 자동차의 운행정보, 즉 차량의 속도부터 방향, 브레이크 작동, 안전띠 착용 유무 등과 같은 관련 데이터를 100분의 1초마다 기록하도록 되어 있다.

또 영상 블랙박스는 카메라에서 나오는 영상정보, GPS에서 나오는 위치정보, 그리고 마이크로 취득한 음성정보 등을 기록한다. 따라서 이를 분석하면, 교통사고가 났을 때 언제, 어디서, 어떻게, 누구의 잘못으로 일어났는지를 완벽하게 재현할 수 있다.

뿐만 아니라 차량 결함으로 사고가 나도 그 상황을 정확하게 입증할 수 있다. 특히 차량 급발진으로 인해 교통사고가 났을 때, 블랙박스는 운전자의 과실이 아님을 입증하는 중요한 데이터를 저장하게 된다. 블랙박스가 없는 상태에서는 차량 급발진으로 사고가 나더라도 운전자는 이를 입증할 방법이 없었다. 게다가 자동차 회사는 보상을 최소화하기 위해 전문 법무팀을 동원하여 최대한 방어를 하기 때문에 개인이 이에 대항하기란 현실적으로 불가능했다. 대부분의 경우 운전자가 실수로 가속페달을 밟았을 것이라고 주장하면서 자사의 차량에 문제가 없음을 강조하기 때문이다. 하지만 차량용 블랙박스가 장착된다면 운전자들의 억울한 피해는 크게 줄어들 것이다.

진화를 거듭하는
블랙박스의 활용 범위

한편, 최근의 차량용 블랙박스에는 통신기능이 부가되면서 활용 범위가 훨씬 넓어지고 있다. 차량용 블랙박스가 장착되어 있으면, 운전자가 따로 신고를 하지 않아도 블랙박스가 스스로 차량 외부의 통신 네트워크와 연결해서 경찰 및 119구조센터에 자동 통보한다. 그 결과 환자 후송이나 처리가 보다 신속해져 교통 체증이나 인명 피해를 줄일 수 있다.

뿐만 아니라 자동차에 블랙박스를 달면 부착차량의 교통사고 가능성이 부착하지 않은 차량에 비해 4분의 1 정도 감소한다고 한다. 그 이유는 운전자가 자신의 차량에 블랙박스가 장착된 사실을 인지하는 순간 더욱 조심운전을 하게 되기 때문이다. 따라서 우리나라의 모든 차량에 블랙박스를 장착할 경우, 단순 계산만으로도 연간 교통사고 사망자 수가 1,500명 정도 줄어들 것이다 2009년 기준 교통사고 사망자 수 5,838명으로 집계된 경찰청 자료를 근거로 추정. 이런 효과 때문에 유럽에서는 2010년까지 블랙박스 장착을 의무화하도록 추진하고 있고, 미국도 2011년부터 4.5톤 이하의 모든 차량에 블랙박스를 장착하도록 관련 법안을 마련하는 중이다.

이제까지의 발전 추세로 볼 때, 앞으로 차량용 블랙박스는 자동차의 핵심 장치가 될 전망이며, 그만큼 시장도 크게 성장하고 기술도 빠르게 진화할 것이다. 이후에는 사고 순간만 기록하는 것이 아니라 24시간 차량 주변을 감시하는 상시 녹화형 제품으로도 진화가 예상된다.

주차장에서 차를 긁고도 모른 척 빠져나가는 얌체 운전자를 적발할 수도 있고, 블랙박스에 위치추적장치나 운동 센서를 부착하여 차량 도난시에도 금방 추적할 수 있을 것이다. 뿐만 아니라 블랙박스를 통해 얻는 자료로 운전자의 동선을 분석하면 소비자의 행태를 파악할 수도 있으며 이는 마케팅 자료로도 활용이 가능하다. 나아가 GPS와 연계하여 운전자에게 주변 정보를 실시간으로도 보내주는 서비스도 제공할 수 있다. 하기에 따라서는 수없이 많은 서비스가 블랙박스를 매개로 이루어질 것이다.

신산업 탄생의
예고편

종합해보면, 블랙박스에 이미 적용되고 있거나 앞으로 적용 가능성이 높은 기술은 기존 자동차 산업의 범주를 넘어선다. 특히 화상 처리 기술, 메모리 저장 기술, 통신 기술, 소프트웨어 기술 등이 핵심인데 이는 다양한 IT 기술과 소프트웨어가 접목되어야 가능하다. 또 국가 경제적 관점에서 보더라도 차량용 블랙박스를 매개로 교통 인프라의 구축은 물론 선진국형 교통 시스템이라는 새로운 서비스 산업이 탄생할 수도 있다.

2009년을 기준으로 할 때 국내 차량용 블랙박스 시장은 200억 원대로 아직 규모가 크지 않은 편이다. 하드웨어를 중심으로 하는 단품 판매 시장은 아직 시작 단계라 할 수 있다. 하지만 통신 및 IT 기술 등이 융합되고 서비스 개념이 접목된다면 시장 규모는 빠르게 성장할 것으로 예상된다. 한편, 우리나라에서도 차량용 블랙박스 의무화 법안이 마련 중인 것으로 보고되고 있어 전망도 매우 밝은 편이다.

제반여건을 고려해볼 때, 기업은 차량용 블랙박스를 움직이는 화상 저장장치로만 볼 것이 아니라 이를 기술과 연계시켜 어떠한 서비스가 가능한지를 상상하고, 관련 기술과 서비스를 접목하거나 창조하려고 노력해야 한다. 나아가 지금 전개 중인 비즈니스 분야에 이 기술을 어떻게 적용할 것인지 고민해볼 필요가 있다.

- 고유상

05

IQ를 높여라, **지능향상 신기술**

100페이지가 넘는 보고서를 5분 안에 다 읽고, 세세한 내용까지 모두 기억할 수 있다면? 또 한번 스쳐 지나갔던 정보를 5년이 지난 후에도 모두 기억해낼 수 있다면?

정보의 홍수 시대에 사는 사람이라면 누구나 한 번쯤 해봤을 이런 상상이 현실로 다가오고 있다. 인간의 두뇌 기능을 획기적으로 높여주는 신기술이 나타난 것이다.

지능이란 무엇일까? 뇌에는 천억 개에 달하는 신경세포가 있다. 이 수많은 신경세포들은 서로 전기신호 및 신경전달 화학물질을 이용해 커뮤니케이션을 하는데, 바로 이 신경세포 간의 커뮤니케이션 능력에 따라 지능이 달라진다. 즉, 신경세포 간의 작용이 활발할수록 지능이 뛰어나다고 할 수 있다.

한편, 뇌의 신경세포들 사이에는 '시냅스' 라고 하는 얇은 간극이 있다. 신경세포 사이의 신호를 전달하는 일종의 다리라 할 수 있는데 인간의 뇌에 있는 시냅스의 수는 무려 1,000조 개에 이르기 때문에 신호가 전달되는 경로는 사실 무한대에 가깝다. 따라서 인간이 발전시킬 수 있는 지능의 영역 역시 어마어마하다.

그렇다면 지능을 높여주는 기술에는 어떤 것들이 있을까?

첫째는 약물이다. 뇌 신경세포 간에 오고 가는 물질은 알려진 것만 200여 가지가 넘으며 이들 하나하나는 모두 황금알을 낳는 신약 개발의 대상이다. 바로 '기억력을 높여주는 약', '집중력을 강화하는 약' 등을 말한다. 최근 의약계에서는 이처럼 특정 지능을 높여주는 약물에 대한 관심이 높아지고 있다.

대표적인 약품은 바이오 제약 기업인 미국의 세팔론이 판권을 가지고 있는 '프로비길'이다. 원래 이 약은 가만히 있다가도 갑자기 깊은 잠에 빠져버리는 희귀한 병을 치료하기 위해 개발되었지만 요즘에는 기억력과 주의력을 높이는 용도로도 사용되고 있다. 특히 각성효과가 강해서 어려운 업무에 집중해야 하는 직장인이나 수험생들로부터 큰 관심을 받는다. 보통 각성제를 먹으면 불면증, 초조함 같은 부작용이 일어나는데 이는 약이 뇌의 광범위한 부위에 작용하기 때문이다. 하지만 프로비길은 각성중추에만 작용하기 때문에 부작용도 크지 않다고 한다. 2009년에 매출 10억 달러를 돌파하면서 블록버스터 약품으로서의 위용을 자랑하고 있다.

지능을 높여주는 두 번째 기술은 전기자극을 이용하는 것이다. 지능이란 일종의 전기신호로, 전기자극 기술은 바로 신경세포들 간의 상호작용이 더 활발해지도록 자극을 주는 것이다. 뇌에서 일어나는 미세한 전기신호의 성질을 알 수 있다면 인위적으로 뇌의 작용을 조절할 수도 있다는 점에서 착안되었다.

뉴욕의 국립신경질환연구소에서는 성인의 뇌 좌측 전두엽 부위에 전류를 가한 뒤 90초 이내에 일련의 단어를 기억하게 하는 실험을 했는데 놀랍게도 피실험자의 기억능력이 20% 정도 향상되었다. 전두엽은 논리적 사고나 유추 등 고등 지능을 관장하는데 이렇게 전기를 가하면, 머리의 피부 밑에 있는 뇌세포 주변에 전기장이 형성된다. 이 전기장은 세포 안에서 인위적인 전기신호를 발생시키고, 그 결과 두뇌활동이 더욱 활성화되는 것이다. 약물이 뇌 안에 잔류하면서 부작용을 유발하는 단점이 있는 데 반해 전기자극 방법은 상대적으로 부작용이 적어서 연구가 활발하다.

세 번째는 앞서 설명한 과학기술과 달리, 게임을 통해 지능을 향상시키는 방법이다. 일명 '두뇌체조' 라고도 알려진 이 방법은 게임을 하면서 전두엽이나 측두엽 등 뇌의 부위별 기능을 활성화시킨다. 다양한 숫자와 신호, 이미지를 암기하거나 분석하는 과정을 통해 부분적이지만 인지능력과 기억력을 키울 수 있도록 개발되었다.

두뇌체조 게임은 놀이를 통한 훈련이기 때문에 지능을 높여줄 뿐만 아니라 재미도 있어서 사람들로부터 많은 관심을 받고 있다. 닌텐도 같은 게임 업체에서는 두뇌개발 게임기를 출시해서 높은 인기를 끌었고 국내 통신사와 모바일 기기 업체에서도 최근 지능개발용 콘텐츠를 선보이고 있다.

인간의 두뇌능력 향상 메커니즘에 대해서는 아직 잘 알려지지 않은 부분이 많다. 약물이나 전기자극, 그리고 게임을 통한 지능향상 효과는 아직까지 매우 제한적이며, 뇌 손상이나 질병 때문에 장애를 겪는 환자의 해당 부위를 자극함으로써 기능을 좀더 활성화하는 수준이다. 약물이나 전기자극으로 순식간에 천재가 되는 것은 아직은 먼 미래의 일이다.

그러나 조그만 전기자극 장치를 모자나 머리핀 같은 것에 부착해서 필요할 때마다 지능향상 자극을 받는 날은 멀지 않은 듯하다. 어쩌면 PC방처럼 휴식을 취하면서 머리에 전기자극을 받는 두뇌기능촉진방 Brain Booster Room 같은 사업이 번창할지도 모른다. 이러한 지능기술을 사업에 활용할 수 있는 방안은 없는지 미리 검토해보는 건 어떨까?

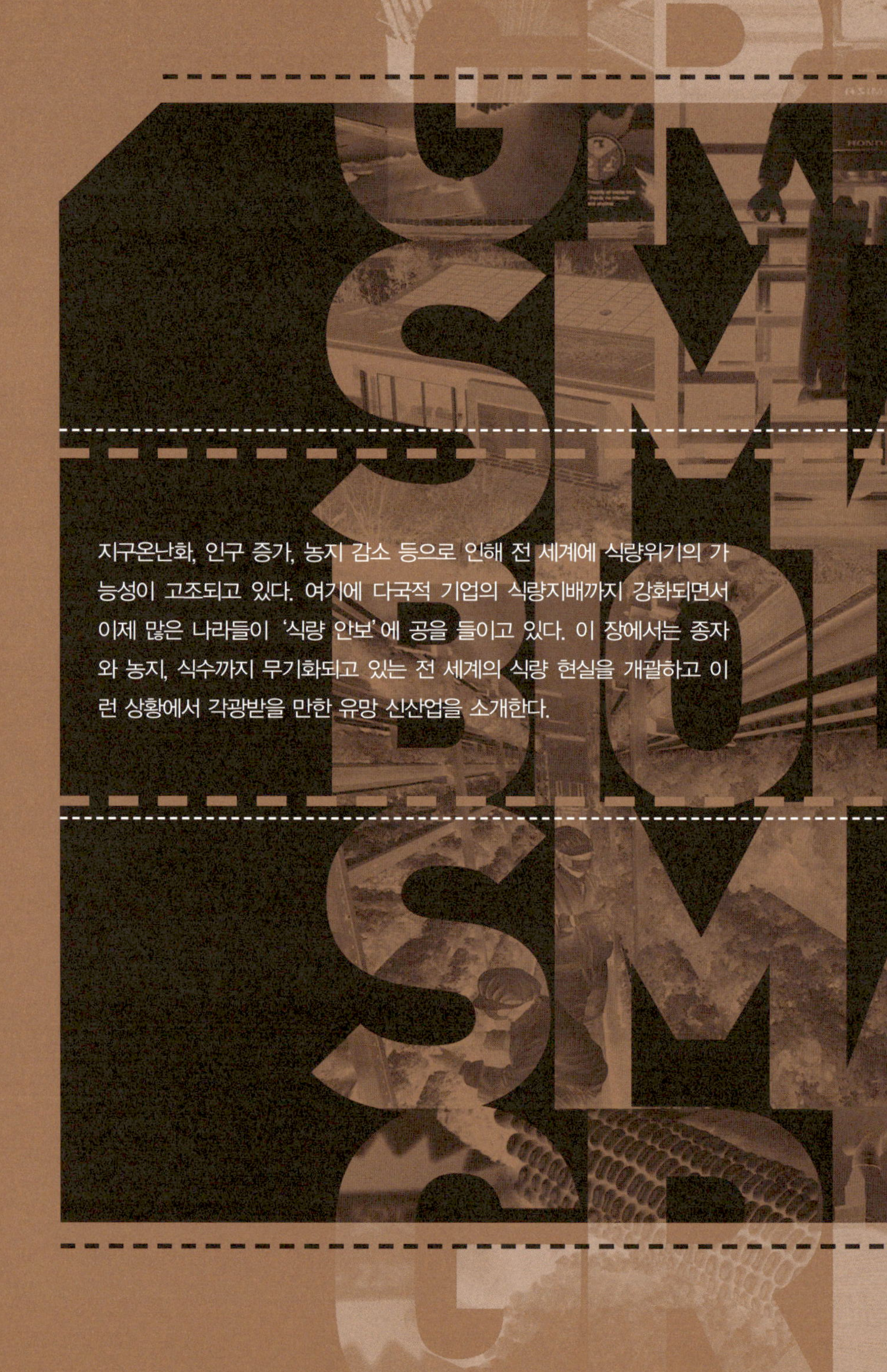

지구온난화, 인구 증가, 농지 감소 등으로 인해 전 세계에 식량위기의 가능성이 고조되고 있다. 여기에 다국적 기업의 식량지배까지 강화되면서 이제 많은 나라들이 '식량 안보'에 공을 들이고 있다. 이 장에서는 종자와 농지, 식수까지 무기화되고 있는 전 세계의 식량 현실을 개괄하고 이런 상황에서 각광받을 만한 유망 신산업을 소개한다.

7장
식량 부족에
대비하라

농업도 진화한다, **식물공장**

- 강희찬

농업과 공업의 융합,
제조업형 식물공장

전 세계에서 진행되는 기후 변화는 농업에도 심각한 위기를 초래했다. 사막화가 진행되면서 경작 가능한 농지는 점점 사라지고 있으며, 온난화로 인해 농업 생산성이 악화되고 있다. 2008년 농촌경제연구소는 기온이 섭씨 1도 상승하면 한국 농가의 총 수익이 1헥타르당 260만 원~400만 원 감소할 수 있다고 발표했다. 뿐만 아니라 수자원 확보가 어려워지면서 농업용수의 공급이 불안정한 지역도 점점 늘어나고 있다. 이처럼 기후 변화로 인한 어려움이 심각해지자 이를 타개하기 위한 방안으로 식물공장이라는 설비 산업이 주목을 받고 있다.

식물공장은 농업과 공업이 융합된 개념으로, 자동화·첨단화된 기술을 통해 식물이 재배되는 미래 농업의 결정판이다. 태양광 이용 여부에 따라 태양광 이용형과 완전 인공광형, 하이브리드형 등 세 종류로 구분되는데, 태양광형은 상용화에 거의 도달한 것으로 알려져 있다.

태양광 이용형은 온실 등의 반폐쇄 환경에서 태양광을 기본으로 이용하면서 비가 오거나 구름이 많은 시기에 보조 조명으로 LED 등을 이용하여 보충하는 형태이고, 완전 인공광형은 폐쇄 환경에서 태양광을 사용하지 않고 환경을 제어하면서 생산주기와 생산계획을 세우는 형태로 아직 실용화 단계는 아니다. 최근에는 태양광 이용형과 완전 인공광형의 중간 단계인 하이브리드형이 주목받고 있다.

경기도 용인시에 완공된 완전 인공광형 식물공장. 광원을 전량 LED로부터 공급받아 단기간에 고품질 채소를 재배할 수 있다.

식물공장의 장점과
파급효과

식물공장이 도입되면 어떤 효과가 있을까?

우선 식물의 성장을 촉진하고 고유의 효능을 더욱 강화할 수 있다. 초기의 식물공장은 백열등, 형광등, 나트륨램프 등을 광원으로 사용했으나, 최근에는 특정한 파장만을 쏘아서 식물의 특정 기능을 강화할 수 있는 LED가 태양광 역할을 대신하고 있다. 우리나라의 전주 생물소재연구소에서는 이 기술을 이용하여 4년근 인삼을 1년 반 만에 키워냈고, 그 효능도 더욱 강화했다고 한다. 또 지열이나 태양열을 이용하여 냉·열을 식물 성장에 맞게 조절하고 이산화탄소를 외부에서 포집하여 공급함으로써 식물의 성장을 촉진할 수 있다.

둘째, 식물 재배의 전 과정을 자동화할 수 있다. 파종에서 육종, 출하까지 전 과정에 로봇 기술이 도입되기 때문이다. 최근에는 수증기 회수 시스템, 하수·중수 정제 시스템 등 환경 제어 시스템과 로봇 자동화 기술을 이용한 무인생산 시스템도 도입되고 있다. 또한 대부분 수경재배를 기반으로 하고 있어 토양 관리가 필요 없고, 연작을 통한 지력 약화의 문제점도 해결할 수 있다. 이러한 장점들 때문에 식물공장은 농촌 인구 노령화와 농촌 공동화에 대한 대안으로도 떠올랐다.

셋째, 소비자의 트렌드와 기호 변화에 신속하게 대응할 수 있다. 지금까지 농업은 소비자의 선호보다는 작황에 따라 가격과 시장이 영향을 받았는데, 식물공장이 도입되면 다양한 농산물을 한곳에서 생산할 수 있기 때문에 농업에서도 소비자 지향성을 높일 수 있다. 또한 도심이나 그 근처에 건설할 수 있어 운송비도 대폭 절감된다.

식물공장은 자체적으로도 산업적인 장점이 있지만 해당 시장 발달과 함께 관련 전후방 산업 발달에 긍정적인 효과를 가져온다. 특히 신규 공장설비의 필요에 따라 건설 시장이 확대되고, 식물공장에서 생산된 농업제품의 시장이 확대된다. 뿐만 아니라 전후방 산업인 고효율 에너지 소재 산업, 환경·공정 제어 산업, 식품 바이오 산업 등의 발달에도 긍정적인 영향을 미칠 수 있다.

■ **식물공장의 전후방 산업**

분야	내용
고효율 에너지 소재 산업	LED 인공조명, 태양전지, 태양열, 자연채광, 지열, 풍력, 2차 전지
환경/공정 제어 산업	지능형 로봇 응용 산업, 실내환경 감지, 전력 에너지 관리 시스템
식품 바이오 산업	영양성분, 기능성 성분이 강화된 고기능 특용작물, 안전성 및 특수 목적의 항생제, 바이오매스, 바이오에너지 산업

식물공장의 과제와 정부의 역할

하지만 이러한 이점에도 불구하고 식물공장은 초기 설비 투자비용이 너무 높다는 단점이 있다. 특히 LED를 조명설비로 할 경우에는 기존 비닐하우스에 비해 건설비가 17배나 높다.[1] 이러한 고비용 문제를 해결하기 위해 각국 정부는 기술개발 투자와 함께 보조금 지원을 병행하는 중이다. 특히 일본은 2009년부터 초기 설치비의 절반에 해당되는 보조금을 지급하고 있는데, 이는 안정적인 식량 조달과 먹을거리의 안전성이 이제 국가적 차원의 이슈가 되었음을 의미한다.

이러한 지원을 토대로 최근 일본에서는 대기업들이 식물공장에 속속 진입하고 있다. 대표적인 식자재 업체인 스프레드는 기후 변화로 인한 가격 리스크에 대비하기 위해 2008년 식물공장 사업에 뛰어들었는데 식물공장에서 생산한 프릴 양상추, 로메인 양상추 등은 대형 마트, 백화점, 호텔 등에 판매되고 있다. 지바현에 소재하는 미라이는 그린 플레이버라는 식물공장을 운영하면서, 생산된 제품을 전문적으로 판매하는 점포를 도심 곳곳에 개설하는 등 판매에까지 직접 나서고 있다. 미쓰비시화학과 LED 전문 브랜드인 CCS는 공동으로 태양전지와 LED를 결합한 식물공장 시스템을 연구하고 있다. 이와 더불어 CCS는 식물공장 운영을 전문으로 하는 페어리 엔젤이란 회사를 자회사로 흡수하여 이 분야의 경쟁력 확보에 주력하는 중이다.

선진국에 비하면 많이 뒤처져 있지만, 한국도 1990년대 후반부터 농촌진흥청 농업공학연구소를 중심으로 식물공장에 대한 연구를 진행하고 있다. 정부도 식물공장 상용화의 필요성을 인식하고 식물공장과 LED 등 부품 산업과 연계된 사업을 추진하고 있다. 2009년 7월에는 신성장동력 스마트 프로젝트 사업의 하나로 선정하여 프로젝트 총괄심의위원회를 개최하고 IT-LED 기반 식물공장을 위한 핵심 부품 및 핵심 기술개발 사업을 발표·진행하고 있다.

그러나 아직은 시작 단계이기 때문에, 부분적인 산업에 집중하기보다는 큰 그림을 그리는 작업이 필요하다. 예를 들면 식물공장 사업의 다양한 분야를 망라한 협력구도를 형성하고 이를 통해 우리의 상황에 맞는 한국형 식물공장의 모델을 확립해야 할 것이다.

또한 푸시앤풀Push&Pull 역할을 모두 감당해야 하는데, '푸시 전략' 으로는 정부가 과감한 연구개발 투자를 통해 민간이 감당하지 못하는 분야의 기술개발을 주도적으로 추진해야 할 것이다. 에너지 소재 기술, 육종 및 재배 기술, 환경제어 기술, 설비·장치 기술 등의 분야가 모두 포함된 학제적인 연구가 필요하며, 특히 마케팅 및 소비자 선호도 분석 등에 있어서는 민간의 역량을 충분히 살려 초기부터 협력적인 연구를 진행해야 할 것이다. 한편 '풀 전략' 으로는 정부가 식물공장 시장의 최대 수요자 역할을 담당해야 한다. 시장의 규모가 일정 수준 이상으로 커져 경제성에 도달할 때까지 보조금을 계속 지원해야 한다는 뜻이다.

식물공장은 최근의 기후 변화와 식량 기근의 우려 속에서도 고효율의 농업 생산이 가능한 효과적 대안으로 떠오르고 있다. 시장과 기술 선점에 따라 큰 기회와 가능성이 열려 있는 이 시장에서 과연 우리에게 적합한 모델은 어떤 것인지, 우리 기업들이 도전할 분야에는 어떤 것이 있는지 검토해보아야 한다.

세계는 지금 **농지확보 전쟁 중**

– 주영민

농지전쟁 부르는
식량위기

2009년 3월, 아프리카의 마다가스카르에서 농민 쿠데타가 일어나 전 세계의 주목을 받았다. 그런데 그 중심에는 국내 물류업체인 대우로지스틱스가 있었다. 대우로지스틱스는 마다가스카르 정부와 60억 달러의 인프라 정비를 지원하는 조건으로 99년간 130만 헥타르의 농지를 무료 임차하기로 계약했는데, 이에 대한 반발로 쿠데타가 발생했던 것이다.[2] 결국 농지 임대계약 백지화로 마무리된 이 사건은 현재 세계에서 치열하게 벌어지고 있는 농지확보 경쟁의 단면을 잘 보여준다.

인구 증가와 농작물의 수요 증가로 전 세계에 식량위기의 가능성이

고조되고 있다. 세계 인구가 5억에서 10억으로 증가하기까지는 200년이 걸렸지만 10억에서 20억으로 늘어나는 데는 100년이 걸렸고, 20억에서 40억으로 늘어나는 데 걸린 시간은 겨우 35년이었다. 이와 같은 추세라면 현재 68억의 인구가 두 배로 늘어나는 데 걸리는 시간은 더욱 짧아질 것이다. 곡물 수요가 어떻게 늘어날지 예상되는 부분이다.

유엔식량농업기구에 따르면 2009년 현재 68억 명의 인구가 91억 명으로 증가하는 2050년에 세계인구가 필요로 하는 식량 수요를 충족시키기 위해서는 현재보다 식량을 70% 증산해야 한다.[3]

무엇이
식량위기를 부추기는가?

중국, 인도 등 신흥국의 식량 수요 증가와 바이오연료 생산 증가가 세계의 농작물 수요를 증가시키고 있다. 인구 증가라는 양의 확대와 더불어 브릭스BRICs 등 신흥국의 식생활 변화도 농작물 수요 증가를 가속화시키고 있다.

예를 들면 중국의 육류 섭취량은 1990년 약 3,000만 톤에서 2005년 8,000만 톤으로 급증했다. 육류를 생산하기 위해서는 대량의 곡물이 필요하다. 식육食肉 1킬로그램을 생산하는 데 소고기의 경우 11킬로그램, 돼지고기 7킬로그램, 닭고기는 4킬로그램의 사료가 필요하다옥수수 환산 수치. 이 수치를 평균해보면 식육 소비량이 1억 톤 증가하면 전 세계의 곡물 수요가 7억 톤 늘어난다는 계산이 나온다. 즉 육류의 소비가 확대될수록 곡물 부족은 가속화된다는 의미다.[4]

옥수수 등을 바이오 원료로 사용하는 추세 역시 곡물 수요의 증가요인으로 작용하고 있다. 옥수수 생산량 1위인 미국에서는 생산된 옥수수의 약 30%가 바이오에탄올 원료로 사용되고 있는데, 경제협력개발기구OECD와 유엔식량농업기구FAO가 내놓은 보고서에 의하면 2019년 바이오에탄올과 바이오디젤의 생산은 2007~2009년의 평균 대비 각각 227%, 31% 증가할 것으로 예측된다.[5] 이와 같이 에너지 시장과 식량 시장 간의 곡물확보 경쟁으로 인해 곡물 수요는 계속해서 증가할 전망이다.

경작지 부족과 물 부족도 식량위기를 초래하는 요인으로 작용할 것이다. 오스트리아의 국제응용시스템분석연구소IIASA가 세계의 경작적지 면적과 실제의 경지 면적2005년 기준을 추계한 결과[6]에 의하면 전 세계에서 삼림을 제외한 경작적지 면적 중 이미 85%가 경작되고 있을 정도로 경작 가능 농지가 한계에 달했다. 캐나다, 중앙아시아, 중국을 포함한 동아시아에서는 이미 경작적지를 초과하는 땅이 경작되고 있을 정도다. 경지 면적을 인구로 나누면 1인당 경지 면적을 산출할 수 있는데 그 면적은 0.22헥타르2005년 기준다. 1인당 경지 면적이 0.22헥타르를 하회하는 국가들은 한국, 일본, 중국, 인도, 서아시아로 해외에서 농지획득 경쟁을 벌이고 있는 국가 및 지역과 일치한다.[7]

경작지 부족뿐만 아니라 향후 물 부족 문제도 심각해질 가능성이 높다. 전 세계 물 소비량의 약 70%는 식량 생산에 쓰인다. 늘어나는 식량 소비를 충당하기 위해 생산을 늘리려면 관개灌漑시설을 정비하여 대량의 물을 사용하고 다수확 품종을 투입하는 한편, 기계화 시스템을 도입해야 한다. 농작물 1킬로그램을 생산하는 데 필요한 물은 밀 2,000리터, 쌀 3,600리터, 옥수수 1,900리터, 콩 2,500리터, 보리 1,900리터로 평균 2,000리터 이상이다.[8]

지구상에는 14억 평방킬로미터의 수자원이 있지만 그중 해수는 97.5%이고 담수는 2.5% 정도뿐이다. 그나마 담수의 대부분은 극지 등에 빙하나 지하수 형태로 존재한다. 나머지 0.76%의 수자원이 지하수인데 하천이나 호수 등 인간이 사용하기 쉬운 수자원으로서 존재하는 담수의 양은 0.01%에 불과한 실정이며 지역적·시기적으로도 분포 편차가 크다.[9]

게다가 물은 석유와 달리 대체할 수 있는 자원도 없다. 이러한 가운데 인구 증가와 경제발전에 따라 세계의 물 사용량은 1950년에서 1990년까지 무려 3배나 증가하였고 이러한 추세가 지속되면 2025년에는 25억 명이 물 부족 사태에 직면할 것이라는 게 유엔의 전망이다.[10] 중국과 인도 등 신흥국이 공업화에 따라 고성장과정에 돌입함으로써 공업용수와 생활용수 수요가 빠르게 증가했기 때문이다. 향후 신흥국에서 공업 부문과 농업 부문의 물 쟁탈전이 치열해질 것으로 보인다.

농지로 몰려드는 투자세력

　그러다 보니 식량 부족에 대한 걱정은 커지고 있고, 이는 곡물 가격 상승으로 나타났다. 유엔식량농업기구와 경제협력개발기구는 앞으로 10년 동안 돼지고기를 제외한 모든 주요 식품 가격이 1996~2007년의 평균치를 웃돌 것이라고 전망했고, 곡물 가격 전망치는 실질가격 기준으로 앞으로 10년간 1997~2006년 평균보다 15~40% 상승할 것이라고 전망했다.[11] 곡물 가격 상승에 영향을 미치는 곡물의 수요 증가 및 공급 불확실성은 계속될 것이며, 이는 농지 가격의 상승으로 이어질 것이다.

　이에 따라 투자세력이 농지에 몰려들고 있고, 식량 및 농지 가격의 상승을 예상하는 중동의 투자펀드와 유럽과 미국의 금융기관, 민간기업들이 농지 매입에 가세 중이다. 미국의 저명한 투자가인 짐 로저스 Jim Rogers는 "농지에 투자하라"라는 메시지를 반복해서 발신하고 있으며, 거대 헤지펀드를 운영하는 조지 소로스 George Soros도 아르헨티나에서 대규모 농지를 매입하고 있다. 러시아의 헤지펀드와 미국의 대형 금융회사인 모건스탠리는 우크라이나에서 농지를 사들이고 있다. 2009년 1월에는 영국령 버진제도에 본사를 두고 있는 뉴욕의 투자회사 Jarch 매니지먼트 그룹이 수단에서 40만 헥타르에 달하는 농지 임차권을 획득했다는 보도도 나왔다. 그 외에도 스웨덴이 탄자니아, 카타르가 케냐, 베트남과 협상하는 등 직접 매수뿐만 아니라 장기 대여

형식으로도 다양한 협상이 이루어지고 있다.

이와 같이 제3의 식량위기 가능성이 점점 높아지고 있는 상황에서 많은 국가들이 자국민의 식량을 안정적으로 확보하기 위해 농지전쟁에 돌입했다.

자국의 농지에서는 식량을 100% 자급자족할 수 없기 때문에 경작 가능지가 비교적 많이 남아 있는 지역의 땅을 사들이는 것이다. 주로 식량 자급률이 낮은 일본, 한국과 식량 수요가 폭발적으로 증가하고 있는 중국, 사우디아라비아 등 아시아 국가들이 적극적이다.

일본의 경우에는 미쓰이, 미쓰비시, 이토추, 마루베니 같은 대형 종합상사들이 농업 유통시설을 확보하는 등 오래전부터 세계 식량 분야에서 입지를 확보하기 위해 준비해왔다. 이미 브라질, 아르헨티나와 인도네시아, 러시아 등지의 해외 농장을 지분 형태로 확보했는데 그 규모는 서울시의 200배에 가까운 1,200만 헥타르다.[12]

중국도 2008년 5월, 식량안전보장을 명분으로 해외 농경지 확보에 나섰고 역시 기업들을 전면에 내세우고 있다. 농산물과 자원 및 에너지 투자로 긴밀한 관계를 맺은 아프리카와 남미의 농지를 취득하도록 기업들을 대대적으로 지원할 계획이라고 한다. 현재 중국은 필리핀, 라오스 등의 동남아시아, 러시아, 호주 등에서 총 210만 헥타르에 달하는 대규모 농지를 취득한 상태다.

사우디아라비아는 국내 지하수를 끌어올려 사막을 농지로 개발한 결과 1974년에 밀 자급률 100%를 달성했지만 그로 인해 21세기 중반에 지하수가 고갈될 위험에 처했다. 이 때문에 사우디아라비아 정부는 더 이상의 국내 농지 개발을 보류하고 수자원이 풍부한 해외 농지에서 밀, 옥수수를 재배하기로 결정했다. 사우디아라비아는 인도네시아에 160만 헥타르, 수단에 1만 117헥타르 등의 해외 농지를 확보했다.[13] 글로벌 기업 네슬레는 아프리카와 남미 등에 1,500만 헥타르의 토지를 확보한 상태다.[14]

이렇게 식량 부족에 대비하여 많은 국가나 기업들이 농지 확보에 심혈을 기울이고 있지만 곡물 자급률이 OECD 29개국 중 26위로 최하위권인 우리나라의 경우에는 현대중공업, 유니베라, 삼성물산, 포스코 등 일부 기업을 제외하고는 해외 농업 진출에 비교적 관심이 적은 편이다. 아직 식량위기에 대한 심각성이 수면 위로 크게 드러나지는 않았지만, 우리나라도 식량안보에 대한 관심을 키우고 곡물 가격의 상승 전망에 대비한 투자 확대 측면에서 해외 농지 확보의 기회를 도모해야 할 것이다. 앞으로 닥칠 위기에 한 발 앞서 준비하는 지혜가 필요하다.

총성 없는 전쟁, 21세기 종자전쟁

– 김현한

다국적 기업이 점유하고 있는
세계 종자 시장

17세기 네덜란드에서는 튤립 알뿌리 한 개가 집 여섯 채 가격에 거래된 적이 있다. 하지만 이는 비단 17세기에만 일어나는 일이 아니다. 지금도 전 세계는 우량종자를 확보하기 위해 사활을 건 전쟁을 벌이고 있다.

종자 산업은 반도체에 비유될 정도로 부가가치가 높은 지식집약적 산업이다. 또한 미래의 식량안보는 국가안보와도 직결되는 사안이므로 선진국들은 적극적으로 종자 산업을 육성하고 있다.

그렇다면, 전 세계 종자 산업은 과연 어디까지 개발이 진행되었을까? 현재 다국적 기업들은 엄청난 자본과 조직으로 무장하며 종자 시장에 뛰어들고 있다.

전 세계 상품 종자의 82%는 특허로 묶여 있으며, 이중 67%를 몬산토, 듀폰, 신젠타 등 10대 종자 회사가 점유하고 있다.[15] 특히, 몬산토는 종자시장의 골리앗과 같은 존재로, 2008년 종자 산업 관련 매출액이 약 64억 달러에 이른다. 그리고 이중 10% 가까운 약 6억 달러를 새로운 품종 개발을 위한 연구에 투자하고 있다.[16] 이는 우리나라 전체 종자 매출액2008년 4억 달러을 능가하는 금액이다. 즉, 한 회사의 연구 비용이 한 나라 종자 매출의 1.5배 수준에 이른다는 뜻이다.

종자 산업은 많은 자본과 시간을 필요로 한다. 한 개의 과수 품종을 육성하기 위해서는 20년의 연구기간과 3,000개 이상의 교배실험을 통한 특성 연구가 필요할 정도다.[17] 그래서인지 최근 들어 세계 10대 종자 회사들은 다양한 인수합병을 통해 덩치를 키우며 세계 종자 시장에 대한 지배력을 강화하고 있다.

캐나다 사스카튼 대학 물질과학연구소에는 몬산토, 듀폰, 신젠타 등이 모두 참여하고 있는데 인재 채용 다툼이 심해 정부와 대학이 프로젝트 진행과 보안 유지에 어려움을 겪을 정도라고 한다. 또한 1868년에 설립되어 2005년 몬산토에 인수된 세계 최대의 채소 종자 업체인 세미니스는 서울대학교 등 세계 각지 100개 이상의 연구기관과 기술 협력을 맺고 있다. 이 밖에도 미국, 유럽 등 종자 기술 선진국들은 이미 종자 채집과 신품종 개발 수준을 넘어 첨단 생명공학 기술을 이용해 식물 추출물에서 신약과 신물질 등을 개발하는 연구를 활발히 진행하고 있다.

위기에 처한
국내 종자 산업

우리나라는 세계 5위의 곡물 수입국으로 2005~2007년 평균 곡물 자급률이 OECD 32개 회원국 가운데 29위_{2009년 곡물 자급율은 약 27%}로 최하위권에 속한다.[18]

우리가 즐겨 먹는 무, 배추, 고추 종자도 절반 정도가 수입산이며, 양파, 당근, 토마토는 80% 이상을 일본에서 수입하고 있다. 게다가, 쌀을 제외한 옥수수, 밀, 콩 등 잡곡 자급률은 10%에도 못 미치는 수준으로 그에 따른 로열티 비용도 만만치 않다. 현재 우리가 외국산 종자를 키우면서 내는 로열티는 2002년 13억여 원에서 2008년 135억여 원으로 6년 만에 10배나 증가했다.[19]

문제는 앞으로가 더 심각하다는 점이다. 한국이 국제식물신품종보호동맹UPOV에 가입한 지 10년이 되는 2012년부터는 지정된 모든 작물에 로열티를 의무적으로 내야 하기 때문인데 이를 방치할 경우 지불해야 할 로열티가 천문학적으로 늘어날 것이다.

상황이 이렇게 심각해지다 보니, 최근 농림수산식품부도 뒤늦게나마 종자 산업에 박차를 가하고 있다. 다행스럽게도 최근에는 종자에 대한 특허출원이 급증하는 등 신품종이 활발히 개발되고 있다. 명지대학교 김주곤 교수팀은 7년여의 연구 끝에 벼의 생산성을 높이면서 가뭄 등 각종 환경 스트레스에도 강한 형질전환 벼를 개발했고, 농우바이오 한지학 박사팀은 형질전환이 까다로운 고추에 특정 유전자를

"

도입하여 세계 최초로 바이러스에 저항성을 보이는 고추를 개발해 화제가 됐다.[20] 이외에도 최근 들어 농촌진흥청을 중심으로 키위나 딸기 등 국산 품종이 개발되면서, 국산 토종 보급률이 높아지고 있다.

종자전쟁 도전을 위한 과제

사실 외환위기 이전 국내 종자 산업은 세계시장에서도 인정받을 만큼 실력을 쌓고 있었다. 하지만 외환위기를 거치는 동안 국내 5대 종자회사 중 네 곳이 다국적 기업에 인수합병되었고, 국내 보유 종자와 육종기술은 고스란히 외국으로 넘어갔다. 바꿔 말하면 현재 상황은 좋지 않지만, 우리는 상황을 역전할 수 있는 기초 역량을 갖고 있다고 할 수 있다.

현재 세계 종자 시장은 치열한 전쟁터라 해도 과언이 아니다. 그 전쟁터에 도전장을 내밀기 위해서는 정부, 국가연구기관, 대학 그리고 민간이 공동 전선을 구축해야 한다. 국가 연구기관과 대학이 기초 연구를 수행하고, 업계는 이를 바탕으로 상업용 품종을 육성하는 방식을 구축해야 한다.

특히, 국내 기업들은 배추, 고추, 무 등 전통적 기술이 강한 식량작물 개발에 주력하고 있는데 정부는 이러한 민간의 품종 개발연구를 집중 지원하고, 민간 참여가 어려운 화훼, 약용 등 부가가치가 큰 비

식량작물 분야에 대한 투자를 강화해야 한다. 목화씨가 단순한 농작물에 그치지 않고 의류혁명과 산업의 패러다임 변화를 가져왔듯이 종자 산업은 우리 경제의 새로운 성장동력이 될 수 있다.

물 부족 현상을 해결하는 기술

– 김현한

세계는 지금
물 편중과 부족에 시달린다

지구온난화와 물 사용량의 증가, 그리고 물 자원의 지역적인 편중에서 비롯된 심각한 물 부족 현상은 '물'을 더 이상 자원이 아닌 기술 집약 산업의 대상으로 인식하게 했다. 물론 물 부족 현상의 이면에는 깨끗한 용수의 부족, 기존 인프라의 노후도 한몫한다. 그중에서도 중국, 인도, 사하라 인근 아프리카, 중동 같은 나라의 물 부족은 매우 심각한 수준으로 평가되고 있다.

그렇다면 우리나라의 상황은 어떨까? 우리나라는 특히 물 자원의 지역적 편차가 매우 심한 편이다. 제주도 남동 해안의 연평균 강수량은 약 1,800밀리미터인 데 반해 북부 산악 지역의 강수량은 550밀리미터 수준에 불과하다. 그리고 연간 강수량의 약 70%가 여름 장마철에 집중되어 계절 편차도 매우 심한 편이다.[21] 이것은 곧잘 홍수 피해로 이어지기도 한다. 현재 우리나라의 홍수위험지수는 6.86으로 미국 2.28, 일본 2.81 등보다 두 배 이상 높다.[22]

지역별, 계절별 편차뿐만 아니라 물 자원의 부족도 문제다. 한국의 물빈곤지수WPI는 62.4로 전체 147개국 중 43위로 상위권이지만, 30개 OECD 국가 중에서는 20위로 선진국에 비해 저조한 수준이다.[23] 따라서 우리나라에서도 물의 부족과 불균형을 해결할 수 있는 기술이 시급하다. 그렇다면 기술을 기반으로 하는 물 산업에는 어떤 것이 있을까?

기술을 기반으로 한 물산업 현황

우선 물 자원의 부족을 해결하는 산업에서는 분산형 빗물 저장 시스템, 해수 담수화 기술, 해양 심층수 채취 기술이 활용된다.

분산형 빗물 저장 시스템은 그동안 버려졌던 빗물을 이용하여 용수 공급 능력을 확대하는 것이다. 기존의 방식처럼 거대한 댐 몇 개에 의존하는 것이 아니라 도시 곳곳에 작은 빗물 저장 시스템을 여러 개 설치하여 활용하는 것이 특징이다. 국내에서는 서울 광진구의 주상복합단지인 '스타시티'가 대표적인 사례다. 스타시티의 지하 4층에는 총 3,000톤 용량의 빗물 저장조가 설치되어 있으며 2007년에

이 저장조를 통해 약 4만 톤의 빗물을 사용했다고 하는데, 이것은 2007년 한 해 동안 단지 내에 내린 강우량 6만 5,000톤 중 약 67%에 해당하는 양이다.

해수 담수화 기술은 바닷물에서 염분을 제거하여 각종 용수로 활용하는 방법이다. 지구의 70%를 뒤덮고 있는 바닷물을 이용하기 때문에 물 부족 문제를 가장 근본적으로 해결할 수 있는 방법이다. 크게는 물을 증발시켜서 담수를 얻는 증류 방식과, 물을 역삼투막에 통과시켜 담수를 얻는 막분리 방식으로 나뉘며, 현재 세계시장은 에너지 소모량이 적고 비용 면에서도 효율적인 막분리 방식으로 집중되는 상황이다. 막분리 기술 활용 분야는 세계 해수 담수화 시장의 약 60%를 차지하고 있으며, 연 15% 이상의 고성장을 통해 2015년에는 65%까지 증가될 것으로 예상된다.[24] 국내에서도 2006년 12월, 해수 담수화 플랜트 사업단이 조직되어 막분리 방식 원천기술 개발을 목표로 5년 8개월 동안 약 1,600억 원 규모의 예산 정부 795억 원, 민간 805억 원으로 사업이 추진되고 있다.

해양 심층수란 태양광이 도달하지 않는 깊은 곳에 위치한 해수를 뜻한다. 해양 심층수에는 영양염류가 풍부하고 미네랄 균형성도 양호하기 때문에 미래의 청정자원으로 주목받고 있다. 활용 범위는 먹는 샘물에서 음식, 건강 및 미용 분야까지 아주 광범위하다. 1972년 미국에서 개발이 시작된 이래, 일본, 대만 등에서 먹는 샘물 시장을 중심으로 빠르게 해양 심층수 시장이 형성되는 중이다. 우리나라도 2000년부터 국책 연구사업을 진행하였으며, 고부가가치 창출을 위한 기술개발이 활발히 이루어지고 있다.

둘째로, 하수와 폐수를 처리한 후 각종 용수로 재활용하는 물 재이용 산업이 있다. 물 재이용 시장의 규모는 2009년 기준 23억 달러이며, 향후 연평균 18%로 고속 성장하여 2020년에는 140억 달러 시장을 형성할 전망이다.[25] 특히 공업용수를 대량 소비하는 반도체 생산 플랜트 등에서 물의 재이용이 급속히 증가할 것으로 예상된다. 기술적으로는 생물학적 활성오니법과 분리막 기술의 장점을 결합한 막분리 활성오니법이 부상하고 있다. 활성오니법은 부유물질을 완벽히 제거할 수 있는 데다 비용 효율이 높아 시장이 급속히 성장할 것으로 보인다. 국내에서도 2007년 9월, 하수도법 개정을 통해 5,000톤 이상의 규모일 때 5% 재이용을 의무화했으며, 점차 시장을 확대해 나갈 예정이다.

마지막으로 총체적인 물 관리 사업이 있다. 효율적인 관리를 위해 기존 IT 기술 등을 기반으로 통합적으로 물 자원을 관리할 수 있는 방안을 모색하는 것이다. 2009년 3월에는 IT 기업인 IBM이 물 산업 진출을 공식적으로 발표했는데, IBM은 자사가 보유한 최첨단 IT 기술을 활용하여, 수질오염을 방지하고 긴급 상황에 신속히 대응하기 위한 모니터링 시스템을 제공할 예정이다. '스마트 베이Smart Bay'라 불리는 이 프로젝트는 IBM의 클라우드 컴퓨팅 서비스를 이용하여 파도 상태, 해안 생태계, 물 오염 수준 등을 모니터하고 향후의 물 상태 변화를 예측하는 것을 목표로 한다.

핵심 원천기술 확보가
답이다

환경, 건설, 엔지니어링, 농업, 바이오 등 다양한 산업이 융합된 물 산업은 현재 가장 유망한 인프라 사업 중 하나다. 많은 기업들이 여기에서 대규모 사업기회를 모색하고 있는데, 특히 다양한 산업 기술을 효율적으로 융합한 통합적 물 관리 방안이 절실한 상황이다. 또한 단순한 인프라 투자 확대보다는 핵심 기술 선점을 위한 효율적인 투자가 이루어져야 할 것이다.

우리나라도 다양한 물 산업 분야에 뛰어들고 있지만, 현재 해수 담수화 분야 외에는 국제 경쟁력이 뒤지는 상황이다. 따라서 적극적인 기술개발을 통해 다양한 시장 개척에 박차를 가하고, 특히 기술적 패러다임의 변화로 급부상하고 있는 막분리 공정 기술 등 핵심 원천기술의 경쟁력 확보가 요구된다.

물 부족은 전 세계적으로 큰 재난임에 분명하지만, 이로 인해 또 다른 사업기회가 생겨나는 것도 사실이다. 재난을 기회로 만드는 역발상, 물 산업에서 찾아보는 것은 어떨까?

1장 | 세계는 지금 탄소와 전쟁 중

1. 강희찬(2009.7.29). "기후변화협약, 한국기업에 위기인가 기회인가?". 삼성경제연구소 CEO Information.

2. 유럽기후거래소(ECX) 마켓데이터. http://www.ecx.eu/market-data

3. 유럽기후거래소(ECX) 마켓데이터. http://www.ecx.eu/market-data

4. IEA(2009). Energy Balances of OECD countries.

5. 이승복(2008.7.21). "ZEC(Zero Emission City) 실현기술 동향과 과제." 제3차 도시에너지 포럼.

6. 세키스이하우스 홈페이지. http://www.sekisuihouse.com/zeh/eng/

7. 〈한국경제신문〉(2009.7.27). "두산, CO_2 안 나오는 화력발전소 원천기술 찾았다."

8. 김준모(2009). "이산화탄소 저장 기술의 현황 및 전망." 〈공업화학 전망〉, 12(2).

9. 한국에너지자원기술기획평가원(2009.4). 〈CCS〉.

10. 〈그린데일리〉(2009.3.29). "〔그린용어〕 CCS 기술."

    http://www.greendaily.co.kr/news/articleView.html?idxno=2886

11. European Commission(2008.11). European Recovery Act.

12. IEA(2005). Prospects for hydrogen and fuelcells. 원본에는 30년간 약 2조 5,000억 달러 투자 예상으로 되어 있는데 연 단위로 수치를 환산했다.

13. 〈매일경제신문〉(2008.7.28). "현대 투싼 수소전지차."

14. 쿠르트 뫼저(2007). 《자동차의 역사》. 뿌리와이파리.

15. 〈한국경제신문〉(2010.4.26). "전기차 승부, 관건은 역시 가격!"

16. 〈日経エレクトロニクス〉(2010.3.22). "充電インフラを握れ."

2장 | 에너지를 창조하는 기술

1. 산업자원부 외(2007). "바이오디젤 중장기 보급 계획."

2. Technologyreview(2010.2.5). Biofuels from Saltwater Crops.

   http://www.technologyreview.com/energy/24480/

3. UNEP(2010). Global Trends in Sustainable Energy Investment 2010.

4. Clean Edge(2010). Clean Energy Trends 2010.

5. HSBC(2007.3). Power for a new Generation.

6. GWEC(Global Wind Energy Council, 2010). Global Wind 2009 Report.

7. 에너지관리공단 신재생에너지센터(2007). "신재생에너지 RD&D 전략 2030 '풍력'."

8. Dexia(2007.11). Takeoff Offshore.

9. GWEC(Global Wind Energy Council, 2010). Global Wind 2009 Report.

10. 유리 소코로프(IAEA 사무처장, 2008.6.9). '세계 원자력 산업 미래 전망 및 과제.' 원자
    력발전 30년 기념 심포지움(서울).

11. 한국원자력문화재단 홈페이지.

    http://www.knef.or.kr/home/information/status_speciality.asp

12. 김종신(2008). "세계 에너지 시장과 원자력발전의 중요성." 〈에너지&기후변화〉 12월호.

13. 〈매일경제신문〉(2010.6.14). "SMART 원자로 상용화에 한전 등 13개 사 참여."

14. 이승철(2009). 《오일 시크릿》, p. 171. 맑은소리.

15. 〈디지털타임스〉(2006.7.24). "신에너지, 현장을 가다(3) 세계는 지금 석탄액화기술
    전쟁 중."

16. 〈뉴스한국〉(2008.7). "고유가 시대 최적의 대안, 석유로 변신한 석탄액화연료."
    http://www.newshankuk.com/news/news_view.asp?articleno=k20080705131
    70506664

17. 대덕넷(2009.1.6). "석탄서 '기름' 펑펑… '오일쇼크 공포' 지운다."

http://www.hellodd.com/Kr/DD_News/Article_View.asp?mark=26292

18. Sasol사 IR 자료(2007).

19. 〈과학동아〉(2004.10). "10년 내 진짜 석유대란 온다."

20. 대외경제정책연구원(2007.12). "캐나다의 오일샌드 개발과 향후 과제."

3장 | 세상이 점점 스마트해진다

1. 이지선 외(2009.9). "[IT전략 보고서] 새로운 비즈니스 코드 : DIGITAL SIGNAGE 시장
   현황 및 분석". KT경제경영연구소.

2. http://www.tuvie.com/napkin-pc-concept-by-avery-holleman-has-won-
   microsoft-next-gen-pc-design-competition/

3. 〈디지털타임즈〉(2009.5). "'전자종이' 패널 시장 신동력 급부상."

4. 위의 글.

5. 〈週刊東洋經濟〉(2008.10.25). "전자 업계를 뒤덮은 '수평분업화'의 돌풍 — 특허 대
   이변이 시작된다."

6. Peter N. Detkin(2008). Investing in Invention. 인털렉추얼벤처스 발표자료.

7. 〈동아일보〉(2009.7.17). "특허소송에 치이고…글로벌 경쟁시대 한국 기업들은 지금."

8. John A. Amster(2009). "Patent Troll에 대한 전략적 대응 지원 사업." 한국지식재산
   보호협회 강연. ; 〈전자신문〉(2010.2.17). "인텔, 미국 특허방어펀드 'RPX' 가입."

4장 | 빛의 혁명 LED와 3D

1. 윤만순(2008). "조명산업의 현황과 미래." 〈전기전자재료〉, 21(1), 21－26.

2. K. Yokoyama 외(2010.3). LED Lighting. 노무라증권.

3. 〈한국LED산업신문〉(2010.9). "LED 방폭등에 업계 관심 집중."

4. CNET NEWS(2010.1.19). HP joining 3D printer market with Stratasys deal

5. http://www.zcorp.com/en/Products/3D-Printers/ZPrinter-650/spage.aspx6

5장 | 신의 영역에 도전한다, 바이오산업

1. IMS Health MIDAS Market Segmentation MAT(2008.7).

2. Benjamin Conway(2009.6.19). The Current State of the Industry and its Implications. MBC Finance Committee Presentation.

3. 〈週刊東洋經濟〉(2010.1.23). "「治らない 病氣」と最先端の檢査技術."

4. 위의 글.

5. 김태억(2009). "바이오시밀러 산업동향과 국내기업의 진입전략." 생명공학정책연구센터.

6. 유엔 경제사회국(DESA, 2007). "세계인구전망(World Population Prospects) 보고서."

7. 〈한국경제신문〉(2010.5.23). "부산 서면에 '안티에이징 의료타운' 만든다."

8. KISTI(2008.12.25). "합성생물학 및 엔지니어링에 대한 투자를 확대하는 영국." 〈글로벌 동향 브리핑〉.

6장 | 내 생활을 바꾸는 첨단기술

1. 〈한국경제신문〉(2009.11.8~9). 기획시리즈 "섬유 미라클 시대" 참조.

2. 지식경제부 보도자료(2009.10). "섬유산업 스트림 간 협력기술 개발사업 추진성과 높아."

3. 위의 글.

4. 나이키 홈페이지. http://www.nike.co.kr/

5. NielsenNetRatings(2008.9).

6. http://www.mycareteam.com/

7. EfficientFrontier. 〈US Online Advertising Spending, by Format, 2006-2011〉

8. EfficientFrontier. 〈US Search Engine Report: Q4 2009〉

7장 | 식량 부족에 대비하라

1. 高つじ正基 (2008). 《植物工場》. World Science Co.

2. *Financial Times*(2009.3.18). Madagascar scraps Daewoo farm deal.

3. FAO(2009). Global agriculture towards 2050. High-level Expert Forum(2009.10. 12~13, in Rome).

4. 田中栄·馬渡晃(2008). "食の未來は大丈夫か? 人口大国が食を食べ尽くす." 〈日経 レストラン〉 4月号. pp. 128-131.

5. OECD·FAO(2010). OECD-FAO Agricultural Outlook 2010-2019.

6. IIASA(2003). Global Agro-ecological Assessment for Agriculture in the 21st Century.

7. 〈週刊エコノミスト〉(2009.3.31). "限界に近づく世界の耕作可能農地.", p. 86.

8. IIASA(2003). Global Agro-ecological Assessment for Agriculture in the 21st Century.

9. 〈週刊ダイヤモンド〉(2007.7.21). "食卓危機.", pp. 28-53.

10. 〈세계일보〉(2010.3.22). "물 전쟁."

11. OECD·FAO(2010). OECD-FAO Agricultural Outlook 2010-2019.

12. 〈서울신문〉(2008.9.8). "해외식량기지 두 번의 실패는 없다."

13. 三石誠司·南敦子(2009.3.31). "始まつた農地の奪い合い, 新植民地主義の懸念も." 〈週刊エコノミスト〉, pp. 80-85.

14. 〈서울경제신문〉(2009.5.25). "아프리카 땅 수탈당하고 있다."

15. ETCgroup(2008). Who Owns Nature? (〈경향신문〉(2009.4.6). "기로에 선 신자유 주의- 몬산토·신젠타 등 국내 종자시장 40% 이상 잠식" 에서 재인용.)

16. 몬산토 IR 자료(2009).

17. 한겨레신문(2006.12.11). "종자, 미래산업의 '씨' …9천 조 시장 겨냥 '007작전'."

18. 농림수산식품부(2010). 〈농림수산식품 주요 통계 2010〉.

19. 오미란(2009.8.9). "종자전쟁서 농민 보호 위해서는…." 〈한국농정신문〉.

20. 〈디지털타임스〉(2010.8.17). "유전자 변형작물 '글로벌 개척자'."

21. 과학포탈 사이언스올(2008.9.24). "[심층기획] '물 부족 국가'가 되어버린 금수강산."

    http://www.scienceall.com/issue/plan.sca?todo=subView&classid=CS100003

    &articleid=38&bbsid=2&popissue=flash

22. 국제연합개발계획(UNDP). "홍수위험지수(FRI) 비교."(〈사이언스타임스〉(2009. 7.

    17). "홍수피해 갈수록 늘어나"에서 재인용.)

    http://www.sciencetimes.co.kr/article.do?todo=view&atidx=0000032933

23. UN 세계 물포럼(2003)(최병습(2009.2.18). "물 스트레스와 물 부도". 〈한국일보〉에

    서 재인용.)

24. 주재영(2007). 〈세계 담수화 시장 전망〉. 막여과 해수담수화연구센터 칼럼2.0.

25. Water Reuse Markets 2005~2015, Global Water Market 2009 등을 참고하여 삼

    성경제연구소 추정.